轨道交通建造关键技术研究丛书

盾构隧道孤石地层探测及处理关键技术

白　伟　张业勤　黄　胜　胡志华　著

中国铁道出版社

2018年·北京

内容简介

本书依托中国电建集团深圳地铁7号线BT项目7302标桃源村站—深云站区间工程，采用数值模拟结合现场测试、监测等方法，研究了孤石微动探测技术、引孔预裂爆破孤石处理技术和紧贴盾构刀盘孤石定向控制爆破技术以及由孤石预爆破地层注浆保压、刀盘刀具配置及其磨损和换刀组成的盾构安全掘进技术，最后建立了主要刀具的破岩机理、刀盘的有限元分析模型、静力特性和动力模态，解决了盾构隧道孤石地层探测及处理技术难题。

本书为城市轨道交通土建工程专业书籍，可为从事轨道交通工程施工、设计、监理和建设管理技术人员的指导用书和继续教育用书，也可作为高校教师和研究生的参考用书。

图书在版编目(CIP)数据

盾构隧道孤石地层探测及处理关键技术/白伟等著．—北京：中国铁道出版社，2018.6

(轨道交通建造关键技术研究丛书)

ISBN 978-7-113-24541-2

Ⅰ.①盾… Ⅱ.①白… Ⅲ.①隧道施工-盾构法-地层学 Ⅳ.①U455.43②P53

中国版本图书馆CIP数据核字(2018)第110056号

书　　名：轨道交通建造关键技术研究丛书
盾构隧道孤石地层探测及处理关键技术

作　　者：白　伟　张业勤　黄　胜　胡志华

策　　划：傅希刚
责任编辑：冯海燕　　编辑部电话：010-51873065
封面设计：郑春鹏
责任校对：孙　玫
责任印制：高春晓

出版发行：中国铁道出版社（100054，北京市西城区右安门西街8号）
网　　址：http://www.tdpress.com
印　　刷：中国铁道出版社印刷厂
版　　次：2018年6月第1版　2018年6月第1次印刷
开　　本：880 mm×1 230 mm　1/32　印张：5.375　字数：140千
书　　号：ISBN 978-7-113-24541-2
定　　价：26.00元

丛书编委会名单

（按姓名拼音字母排序）

作者简介

白伟，男，1973 年 11 月出生，中国水利水电第七工程局南方分公司副总经理、总工程师、高级工程师。先后参建深圳地铁 1 号线、深圳地铁 5 号线、深圳地铁 7 号线、福州地铁 1 号线、福州地铁 6 号线、武广高铁等工程项目。主持了“深圳地铁七号线复合地层盾构选型及分体始发空推技术”、“复杂地质条件下地铁隧道施工关键技术”、“地铁特大断面关键技术”等科研项目，获得中国施工企业管理协会科学技术奖科技创新成果二等奖，并获得两项国家专利。参与编写《地铁工程施工技术》，近 5 年来发表专业论文多篇。

张业勤，男，1974 年 1 月出生，中国水利水电第七工程局副总经理、南方分公司总经理。先后参建彭水电站、三峡工程，指挥建设亭子口水利枢纽、深圳地铁 7 号线 7302 标段等工程项目，其中深圳地铁 7 号线获得国家优质工程金质奖；先后主持和参与完成“盾构隧道孤石地层探测及处理关键技术”、“填海区复杂地层盾构连续穿越近接同步施工建筑群关键技术”等科研项目。近 5 年来发表专业论文多篇，具有丰富的地铁施工技术和管理经验。

黄胜，男，1979 年 1 月出生，湖北黄冈人，汉族，中国地质大学（武汉）土木工程专业学士，高级工程师。现任中电建南方公司工程部副主任。自 2002 年参加工作以来，先后参与南京地铁、广州地铁、成都地铁、深圳地铁施工，地铁工程盾构施工经验丰富，负责过 100 余台次盾构施工技术指导，对硬岩、软土、上软下硬、淤泥质等复杂地层盾构施工有丰富经验。

胡志华，男，1985 年 12 月出生，江西新余人，汉族，石家庄铁道学院机械工程及自动化专业学士，工程师。现任中电建南方建设投资有限公司工程部区间科副科长。自 2006 年 7 月参加工作以来，先后参与了成都地铁 1 号线以及深圳地铁 2 号线、5 号线、7 号线、4 号线延长线等地铁工程建设工作，对复杂地质条件下盾构的施工技术有深入的研究和见解，成功解决了多项施工技术难题。针对工程实践经验，在国家级核心期刊发表《地铁隧道盾构施工风险分析及对策探讨》等学术论文多篇，参与的科技项目获得集团公司等各级科技进步奖 10 余项、工法 3 项，获得专利 2 项。

前　言

孤石是指存在于软质风化层中的花岗岩球状风化体，球状风化是花岗岩层中十分常见的现象，属于花岗岩的不均匀风化。盾构在孤石地层中掘进遇到的主要问题：盾构掘进困难并频繁卡刀盘；盾构姿态难以控制；刀具磨损非常严重、更换困难；刀盘磨耗导致刀盘强度和刚度降低，刀盘变形；刀盘受力不均匀导致主轴承受损或主轴承密封被破坏；被刀盘推向隧道侧面的大漂石甚至导致盾构偏离隧道轴线；掘进振动大，对保护地面建筑物不利等。

本书依托中国电建集团深圳地铁 7 号线 BT 项目 7302 标桃源村站—深云站区间工程，采用数值模拟结合现场测试、监测等方法，研究了孤石微动探测技术、引孔预裂爆破孤石处理技术和紧贴盾构刀盘孤石定向控制爆破技术以及由孤石预爆破地层注浆保压、刀盘刀具配置及其磨损和换刀组成的盾构安全掘进技术，最后建立了主要刀具的破岩机理、刀盘的有限元分析模型、静力特性和动力模态，解决了盾构隧道孤石地层探测及处理技术难题。

研究成果“城市地铁孤石深孔爆破预处理施工工法和紧贴盾构刀盘孤石定向爆破处理施工工法”获中国电力建设集团工法。

本书第 1 章、第 4 章和结论由白伟撰写，第 3 章由张业勤撰写，第 5 章 5.4 节～5.8 节由黄胜撰写，第 2 章、第 5 章5.1 节～5.3 节由胡志华撰写，全书由白伟统稿。

本书在撰写过程中，参阅了许多专家学者发表的论文，在此向他们表示真诚的谢意！

本书在整理过程中，得到了李围和龚姝华的帮助。中国铁道出版社的傅希刚、陈小刚和冯海燕等编辑对本书的修改和完善提出了大量宝贵意见和建议。在此向他们一并表示感谢！

由于时间仓促，加之作者水平有限，书中如有不妥之处，恳请同行专家及读者给予批评和指正。

作　者

2018年5月

出版说明

截至 2017 年，我国城市轨道交通开通运营线路总长度达 3 862 km(118 条)，开通城市 29 个，其中步入网络化运营的城市共有 13 个，客运量达 176.8 亿乘次，全国共有 9 个城市网络日均进站量超过 100 万人次，共有运营员工 20.8 万人，平均每公里线路 54 人。

我国城市轨道交通占公共交通比例还很小(见表 1)，与国际化大都市差距大，轨道交通发展潜力还很大。例如，尽管上海运营里程突破了 680 km，为世界上轨道交通运营里程最多的城市，但其轨道交通占公共交通比例仅刚过 50%，其中多条线路已经超负荷运营，上下班时间拥挤不堪。而深圳已经完成了三期建设运营，轨道交通仅占公共交通的三分之一还不到。

表 1　世界各国大都市轨道交通占公共交通的比例

东京	伦敦	巴黎	莫斯科	上海	北京	深圳
86%	70%	70%	55%	54.6%	45%	32%

当前，我国轨道交通还处于高速发展期，特别是由于我国幅员辽阔，各区域地质差异较大，导致地铁的施工难易也不相同，因此，需要解决不同城市地质环境条件下地铁施工技术问题。

我国城市地质条件主要有：以上海、杭州等为代表的深厚软土层，以西安为代表的黄土地层，以成都为代表的砂卵石和漂石地层，以深圳、广州为代表的不同风化花岗岩组成的混合地层，以重庆、青岛为代表的岩石地层，以贵阳为代表的岩溶地层。其中，深圳混合地层主要为第四系全新统人工堆积层、海积层、海冲积层、冲洪积层、洪积层、上统更新坡积层、残积层震旦系混合岩和花岗片麻岩、震旦系混合岩和花岗片麻、燕山期花岗岩和加里东期混合花岗岩，地下水位位于地面以下 0.7～12.1 m。混合地层地铁施工难度最大，其主要地质问题如下：

1. 车站

范围内岩面高，基岩侵入车站范围内最大厚度达 14 m，地下连续墙入岩最大深度为 17.5 m，强度最高达 132 MPa，大倾角陡坡硬岩(45°)分布广泛。基坑控制爆破困难，成槽困难。

2. 盾构区间隧道

穿越地段基岩面起伏大、变化剧烈，硬岩、上软下硬、富水砂层、孤石、掘进中存在盾构机姿态难以控制、坍塌、涌水，地面沉降难以控制从而造成地面建筑物开裂损坏、盾构机易被卡住等。

3. 矿山法区间隧道

位于全强风化花岗岩中，顶部主要为砂质黏性土、素填土、中砂、粗砂等富水软土层，施工失水极易引起隧道变形、地面塌方等风险。再加上在深圳主城区修建地铁地上地下环境条件复杂，例如三期重大工程 7 号线穿越深圳主城区，全线正下穿既有建筑物 20 余栋，5 次下穿河流和湖泊，1 次上穿高速铁路，2 次下穿既有铁路，4 次下穿已运营地铁线，8 次下穿(或侧穿)既有桥梁，在华强北商圈核心地段与 7 号线同步实施华强北地下空间工程。

本套丛书结合我国目前正在大力修建的城市地铁重大工程,及时总结施工中研究形成的新技术并出版,为同城后期地铁工程的建设提供技术支撑和其他城市类似工程提供技术参考有其重要意义。

因此,中国铁道出版社与地铁建设相关单位合作,出版《轨道交通建造关键技术研究丛书》,期待为我国地铁工程新技术的进步贡献一份力量。

丛书策划:李围、傅希刚

2018年1月1日

目　　录

第1章　绪　　论

1.1　研究背景

中国东南部沿海城市的花岗岩地层中都不同程度地存在球状风化岩体(孤石)和基岩局部侵入隧道开挖断面,盾构在此地层中施工,盾构刀具无法有效地破除该高强度岩体;且由于岩体上部或周围存在软弱地层,人工破除操作困难,盾构掘进风险极大,严重的会导致盾构施工失败。

孤石是指存在于软质风化层中的花岗岩球状风化体,球状风化是花岗岩层中十分常见的现象,属于花岗岩的不均匀风化。花岗岩球状风化体在珠三角地区常见于广州北部、深圳的大部分地区以及珠海沿岸大部分地区,搬迁作用在广东台山海底淤泥层,成都、长沙的少数卵石地层中被发现,但分布数量较少。孤石的成因有自然风化产物和搬迁作用两种,花岗岩球状风化体以及大型卵石都可能成为孤石,成为盾构法隧道掘进过程中的巨大障碍。由于孤石埋藏分布是随机的,且形状各异,大小不一,强度可达到200 MPa以上,对地铁盾构工程施工极为不利。

深圳地铁7号线桃源村站—深云站盾构区间地质条件复杂,部分里程段揭露有球状风化体(孤石)及蜂窝状孤石集群。孤石大部分分布在全～强风化花岗岩中,少数分布在砂质黏性土中。孤石较为集中,且侵入隧道内,其强度高,孤石集群的存在,为盾构施工带来了极大不确定性。

在盾构隧道施工过程中,由于孤石的影响可能出现的主要问题:盾构掘进困难并频繁卡刀盘;盾构姿态难以控制;刀具磨损非常严重、刀座变形、更换困难;刀盘磨耗导致刀盘强度和刚度降低,刀盘变形；刀盘受力不均匀导致主轴承受损或主轴承密封被破坏、刀盘堵塞开口率降低、盾构负载加大；被刀盘推向隧道侧面的大漂石甚至导致盾构转向，偏离隧道轴线；掘进振动大，对保护地面建筑物不利等问题。

因此，在珠三角地区以及珠海沿岸大部分地区城市轨道交通建设中通过盾构隧道孤石地层探测，采用合理的技术方案进行孤石预处理并最终解决孤石，对减少施工成本，保证盾构工法优越性和盾构在孤石地层的安全掘进提高盾构本身在孤石与基岩地层的适应性，在孤石地层下能够实现安全又高效的施工，有着极其重要的意义。

1.2　主要研究内容与方法

1.2.1　主要研究内容

通过对深圳地铁 7 号线桃深区间盾构隧道孤石与基岩地层的探测与处理关键技术研究，得出的主要研究内容如下：

（1）提出微动探测与加密地质补勘钻探相结合的地铁隧道盾构孤石探测方法，并应用于深圳地铁 7 号线盾构施工中，取得了很好的效果。采用微动探测判断“孤石”准确率高达 80%，为盾构隧道基岩的精细化探测提供了一种全新的、准确的、科学合理的指导。

（2）在探明孤石的基础上利用封闭岩体与周边围岩介质的差异性，采用引孔预裂爆破技术，通过控制性地引孔下药，有效实现了基岩及孤石的破碎预处理，减小了刀具的损耗和施工风险，保证了施工周期和盾构工法的安全性与优越性。

（3）采用孤石爆破后钻孔取芯、盾构掘进时出渣粒径检查与掘进参数统计分析的方法对孤石的爆破效果进行了验证，发现孤石爆破效果良好，保证了盾构在复杂地层中施工的有效性和施工周期。

（4）爆破后地层的注浆回填加固，采用袖阀管注浆工艺，提高了地层的稳定性，提高了盾构通过的安全性；采用旋喷桩加固方法实现了风化岩软弱地层的加固，保证了盾构在复合地层掘进过程中开舱检查与更换刀具或者遇到孤石后开舱人工洞内处理的安全性,解决了复合地层下盾构开舱换刀的难题,实现了盾构在孤石爆破后地层的安全高效掘进。

1.2.2 主要研究方法

在我国华南地区的隧道施工中多为复合地层,在黏土地层中或者全风化岩与强风化岩层中多存在孤石,给盾构隧道带来了极大的风险和困难。由于地质条件复杂多变,施工时干扰因素的不可排除等原因,地面和井下都存在岩性差异被淡化或完全屏蔽的情况,给工作人员造成难以辨识的假象。此外,由于经验认识不足造成主观淡化或强调地质异常体存在的情况不可避免。所以,为了避免在盾构隧道时出现严重的事故,一般采用探测技术对盾构隧道区域内的孤石和基岩进行探测,探明孤石和基岩的具体位置、形状和尺寸后进行预处理,保证盾构的安全顺利通过。

目前,对孤石和基岩的探测时,单一的探测方法往往会造成误报率高、准确率低,甚至是漏报的现象,而利用物探技术在地面或井下开展地质构造探测和预报的多种探测方法联合探测,可实现孤石与基岩精细化探测,能够提高探测的准确性。

1.3 研究现状

在长期风化过程中,花岗岩岩体因结构和主要矿物成分的不同出现了差异风化,随着花岗岩地区大规模城市地铁建设的发展,花岗岩球状风化问题严重影响了工程建设进度、质量和安全[1-2]。

李玉春[3]、李乾[4]等结合地铁工程的实际地质情况和孤石的成因,根据各方法对地层环境的影响、施工的风险和效果、成本等方面,根据孤石的大小、位置、形状等因素,确定具体处理方法,选用相应的孤石处理施工技术进行破除。

范验曾[5]、郑礼均[6]等分析盾构穿越孤石地层的难点和风险,通过掌握工程地质情况，尽量做到有孤石预先处理，并制定最合理的处理方法。

陈开端[7]采用“微动探测＋地质钻探验证”的方法探测孤石，宗成兵、田恒星[8]采用“微动探测＋加密地质补勘钻探＋地面钻孔爆破”的方法，贺朝荣[9]采取“人工挖孔＋劈石机劈裂地下孤石、孔位回填”的措施探测及处理地铁隧道盾构遇到的孤石。Shi Y. Z. ,Lin S. Z. [10]等在花岗岩地区地铁建设中，建立了一套完整的探测和处理孤石的方法，包括“三维地震图像探测＋用钻孔＋处理巨石”确定地质密集区的边界。

党如姣[11-12]、李洋、朱培民[11]等针对南方地区花岗岩地层特征及城区环境特点，通过分析，认为浅层地震反射法对于南方城区的孤石探测是有效的。靳世鹤[13]对广州地铁 3 号、5 号线盾构施工遇到的特殊地质现象进行总结，在孤石地段依据现场情况，采用高压空气或液压锤进行孤石破碎处理。张帆[14]以厦门地区地铁盾构掘进施工孤石爆破预处理为背景，系统地研究了沿海地区盾构隧道孤石预爆破破碎范围以及其装药结构的设计方法，形成了盾构隧道孤石预爆破破碎在不同工况下的设计方法。古力[15]以广州地铁 3 号线某区间施工为例，提出了不能被盾构直接破碎孤石的预处理方法，有效地降低工程风险。

张恒、陈寿根[16]、戴亚军[17]等通过对比孤石多种探测方法和处理技术，根据隧道孤石的形成机理和分布规律，总结各优劣势，有针对性地将这些方法应用于不同的工程中。

曹权、项伟[18]等以深圳地铁 11 号线某区间孤石探测试验为背景，用跨孔超高密度电阻率法研究两孔间的孤石分布情况，并验证该法的可行性。李术才[19]、刘征宇[19-20]等在试验的基础上，提出了地面物探普查与跨孔电阻率 CT 法相结合的孤石探测方案，并改进了电阻率跨孔 CT 的观测模式、反演成像方法等方面。刘宏岳，梁奎生[21]从方法原理、震源选择、观测系统等方面分析海域地震反射波多次覆盖 CDP 叠加技术，通过钻探验证说明该技术在探测风化残留体中孤石的良好效果。杨亚璋[22]以台山核电站取水隧洞工程为例,从物探方法、探测设备、探测范围等多个方面介绍盾构工程孤石探测技术,并验证了地震反射波CDP叠加技术进行孤石探测的可行性。

王英珺[23]根据广深地区地铁隧道的地层条件,提出了直接破碎孤石的条件和复合地层盾构机推进过程中需注意的问题。谢壮[24]提出地表调绘、物探和钻探三个手段对孤石进行探测,并通过层次一模糊综合评估法分析总结了花岗岩球状风化体段盾构施工的风险控制措施。

第 2 章　依托工程概况

2.1　工程概况

深圳地铁 7 号线 7302 标桃深盾构区间起于桃源村站，止于深云站，深圳地铁 7 号线线路图如图 2.1－1 所示。区间左 DK6＋782.293～左 DK7＋764.599，短链 6.223 m，全长 976.083 m。盾构段：左 DK6＋881.994～左 DK7＋764.599，短链 6.223 m，长 876.382 m。矿山法＋盾构段：左 DK6＋782.293～左 DK6＋881.994，长 99.701 m。右线设计里程范围为右 DK6＋782.293～右 DK7＋800.499，全长 1 018.206 m。其中盾构段：右 DK6＋881.158～右 DK7＋800.499，总长 919.341 m。矿山法＋盾构段：右 DK6＋782.293～右 DK6＋881.158，长 98.865 m。

本区间在右 DK7＋185.315 处设置 1 座联络通道兼泵房。

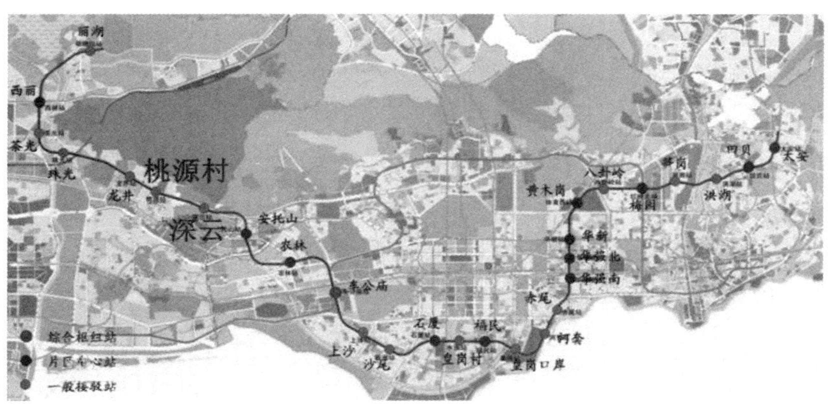

图 2.1－1　深圳地铁 7 号线线路图

经地质补勘左 DK7+704.599～左 DK7+764.599 区间隧道范围岩层坚硬，微风化花岗岩单轴抗压强度达到 150 MPa，盾构推进困难。在保证施工安全及不影响周边环境的前提下，将该段盾构区间变更为矿山法拼管片区间。深云路到桃源村区间线路盾构施工顺序如图 2.1-2 所示。

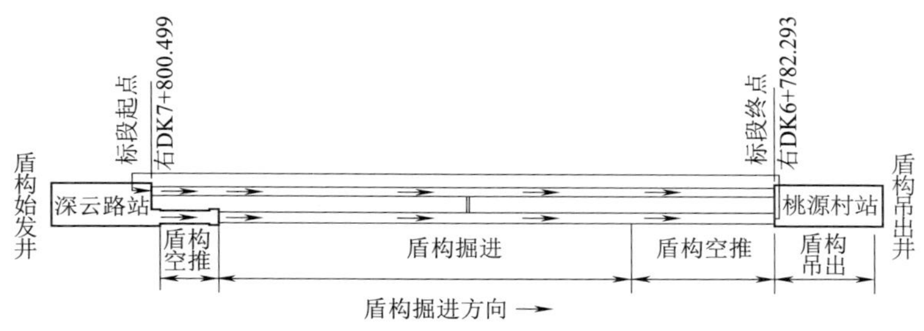

图 2.1-2　桃深区间盾构施工顺序

本工程区间线路参数左、右线一致，工程施工概况见表 2.1-1。

表 2.1-1　工程施工概况

项目	起点里程	终点里程	短链(m)	长度(m)	工法
左线	DK6+782.293	DK6+881.994	0	99.701	矿山法拼管片
	DK6+881.994	DK7+704.599	6.223	876.381	盾构法
	DK7+704.599	DK7+764.599		60	矿山法拼管片
右线	DK6+782.293	DK6+881.158	0	98.865	矿山法拼管片
	DK6+881.158	DK8+0.499	0	919.341	盾构法

区间线路最小曲线半径 R＝450 m，区间线路纵断面为双向坡。区间隧道出桃源村站后以 2‰上坡再以 5‰下坡，达到最低点后再以 11.828‰(右线该处为 11.952‰)上坡，再以 25‰上坡，最后以 2‰上坡到达区间设计终点深云站。区间整体呈 V 字形走向，最大纵坡为 25‰，区间隧道埋深 6.5～13.6 m，区间隧道左右线间距 7.2～16.4 m，见表 2.1-2。

表 2.1－2 工程区间线路参数

项目	起点里程	终点里程	短链(m)	长度(m)	段落情况
左线	DK6＋782.293	DK6＋807.294	0	25.001	直线段
	DK6＋807.294	DK7＋002.466	0	195.172	曲线段
	DK7＋002.466	DK7＋620.656	6.223	611.967	直线段
	DK7＋620.656	DK7＋750.748	0	130.092	曲线段
	DK7＋750.748	DK7＋764.599	0	13.851	直线段
右线	DK6＋782.293	DK6＋809.420	0	27.127	直线段
	DK6＋809.420	DK7＋046.316	0	236.896	曲线段
	DK7＋046.316	DK7＋650.086	0	606.77	直线段
	DK7＋650.086	DK7＋780.178	0	130.092	曲线段
	DK7＋780.178	DK7＋800.499	0	20.321	直线段

区间隧道正线采用盾构工法，联络通道采用矿山法施工，盾构从深云盾构始发井西端组装始发，至桃源村站东端解体吊出后，转运至深云站，由深云站右线盾构始发井二次始发至桃源村站东端接收井解体吊出。

2.2 工程地质与水文地质

2.2.1 地理位置

深圳市位于广东省中南部沿海、富饶的珠江三角洲平原上。南隔深圳河与香港毗邻，东接大亚湾，西接珠江的伶仃洋，北与东莞、惠州接界。境内最高山峰为梧桐山，海拔 943.70 m。深圳市地铁 7 号线工程是贯穿深圳市东西长轴方向的地铁干线，沿线经过罗湖、福田、南山三区。

深圳市地铁 7 号线工程桃源村站至深云站区间位于深圳市南山区。原始地貌为台地地貌，地形略有起伏，在线路 DK7＋200～DK7＋500、DK7＋930～DK7＋940 段原为冲沟，现为填方地带，地面已修建成道路和建筑物。地形改造变化较大，地面高程一般为 30.20～35.40 m。地铁线路穿行于龙珠大道下，沿线两侧建筑有香树峰景苑、桃源村三期、天地峰景苑、南坪快速龙珠立交、侨城北公交停车场综合楼等。道路两侧存在密集的电力、电信、雨水、上水、污水、燃气、路灯、改河箱涵等地下管线管道，地下管线管道的走向与道路平行，局部斜交。场地景观如图 2.2 所示。

(a) 龙珠大道（往小里程）

(b) 龙珠大道（往大里程）

图 2.2　场地景观

2.2.2　地质条件

区间主要穿越地层为⑦$_1$ 砾质黏性土、⑧$_1$ 全风化花岗岩、⑧$_2$ 强风化花岗岩、⑦$_2$ 砂质黏性土，盾构始发段可能存在一段硬岩。其中左 DK6＋927～左 DK6＋936、左 DK7＋020～左 DK7＋030、左 DK7＋070～左 DK7＋177、左 DK7＋450～左 DK7＋472、左 DK7＋670～左 DK7＋704、右 DK7＋770～右 DK7＋700.499 盾构隧道底边及边墙处于中微风化花岗岩中，隧道岩石特性见表 2.2－1 及表 2.2－2。

从地表至微风化花岗岩主要地层概述如下：

(1)第四系：人工堆积素填土，冲洪积黏土、粉质黏土、中砂、粗砂、砾砂、卵石，残积砾质黏性土。

(2)燕山期花岗岩：主要为肉红、红褐、褐黄、灰褐色，主要成分为石英、长石、云母。按风化程度可分为全风化岩、强风化岩、中等风化岩、微风化岩。

根据区域地质资料推断本区间发育有 1 条断层，为 F10，断层与桃源村站至深云站区间在 DK7＋860 处呈 51°斜交，属磨地山断裂，该断裂走向北东 60°～70°，倾向南东，倾角 75°。发育于早白垩世花岗岩中，延伸长 2.5 km，宽 2～5 m。断裂在空间上、剖面上具舒缓波状，构造岩主要为压碎花岗岩，沿断裂面充填有岩脉及石英脉。

根据《深圳市区域稳定性评价》(1991 年)、《深圳市地震危险性分析和地震烈度评定》等技术资料分析结果：线路穿越的各断层均为非活动性断裂，深圳地带的现今活动量微弱，至目前尚未发现明显的应力和能量集中迹象，近期可排除突发性活动的可能性，地壳相对基本稳定，线路经过地区无地表河流。

表 2.2－1　左线隧道岩石特性

里程	长度(m)	岩土围岩分级						综合分级
		隧底		边墙		拱顶		
		岩土特征	围岩分级	岩土特征	围岩分级	岩土特征	围岩分级	
起点～ZDK8＋882.00	32	微风化花岗岩	Ⅲ	主要为微风化花岗岩，局部为中等风化花岗岩	Ⅲ～Ⅳ	中等风化花岗岩，微风化花岗岩	Ⅳ	Ⅳ
ZDK8＋882.00～ZDK8＋897.00	15	微风化花岗岩	Ⅲ	主要为微风化花岗岩，局部为中等风化花岗岩	Ⅲ～Ⅳ	中等风化花岗岩，全风化花岗岩	Ⅴ	Ⅴ
ZDK6＋897.00～ZDK6＋945.00	48	微风化花岗岩	Ⅲ	主要为微风化花岗岩，局部为中等风化花岗岩	Ⅳ	主要为砾质黏性土，顶部靠近砂土层	Ⅴ～Ⅵ	Ⅵ

续上表

里程	长度(m)	岩土围岩分级						综合分级
		隧底		边墙		拱顶		
		岩土特征	围岩分级	岩土特征	围岩分级	岩土特征	围岩分级	
ZDK6+945.00～ZDK7+010.00	65	全、强风化花岗岩	Ⅳ～Ⅴ	素填土局部为砾质黏性土，底部全风化花岗岩	Ⅴ～Ⅵ	素填土，局部为砾质黏性土	Ⅵ	Ⅵ
ZDK7+010.00～ZDK7+070.00	60	全、强风化花岗岩	Ⅳ～Ⅴ	砾质黏性土,局部为素填土	Ⅴ～Ⅵ	砾质黏性土,局部为素填土	Ⅴ～Ⅵ	Ⅵ
ZDK7+070.00～ZDK7+145.00	75	全、强风化花岗岩	Ⅳ～Ⅴ	全、强风化花岗岩	Ⅳ～Ⅴ	全、强风化花岗岩，局部靠近黏性土	Ⅳ～Ⅵ	Ⅵ
ZDK7+145.00～ZDK7+240.00	95	主要为微风化花岗岩,局部为中等风化花岗岩	Ⅲ～Ⅳ	中等风化,局部全风化花岗岩	Ⅲ～Ⅳ	全、强风化花岗岩，局部靠近黏性土	Ⅳ～Ⅵ	Ⅵ
ZDK7+240.00～ZDK7+520.00	280	全、强风化花岗岩	Ⅳ～Ⅴ	砾质黏性土、全风化花岗岩	Ⅳ～Ⅴ	砾质黏性土,局部为素填土	Ⅴ～Ⅵ	Ⅵ
ZDK7+520.00～ZDK7+540.00	20	主要为微风化花岗岩,顶部为中等风化花岗岩	Ⅲ	主要为微风化花岗岩,顶部为中等风化花岗岩	Ⅲ～Ⅳ	砾质黏性土,局部为素填土	Ⅴ～Ⅵ	Ⅵ

续上表

里程	长度（m）	岩土围岩分级						综合分级
		隧底		边墙		拱顶		
		岩土特征	围岩分级	岩土特征	围岩分级	岩土特征	围岩分级	
ZDK7＋540.00～ZDK7＋720.00	180	全、强风化花岗岩	Ⅳ～Ⅴ	素填土局部为砾质黏性土，底部全风化花岗岩	Ⅳ～Ⅴ	素填土，局部为砾质黏性土	Ⅴ～Ⅵ	Ⅵ
ZDK7＋720.00～终点	106.31	中等风化花岗岩，局部微风化花岗岩	Ⅲ～Ⅳ	全、强风化花岗岩，局部砾质黏性土	Ⅳ～Ⅴ	素填土，局部为砾质黏性土	Ⅴ～Ⅵ	Ⅵ

表 2.2-2　右线隧道岩石特性

里程	长度（m）	岩土围岩分级						综合分级
		隧底		边墙		拱顶		
		岩土特征	围岩分级	岩土特征	围岩分级	岩土特征	围岩分级	
起点～YDK6＋950.00	98	强、中等风化花岗岩	Ⅳ	全、强风化花岗岩，局部砾质黏性土	Ⅳ～Ⅴ	砾质黏性土，全风化花岗岩	Ⅵ	Ⅵ
YDK6＋950.00～YDK7＋050.00	100	砾质黏性土，全风化花岗岩	Ⅳ～Ⅴ	素填土，局部为砾质黏性土	Ⅴ～Ⅵ	素填土，局部为砾质黏性土	Ⅴ～Ⅵ	Ⅵ

续上表

里程	长度(m)	岩土围岩分级						综合分级
		隧底		边墙		拱顶		
		岩土特征	围岩分级	岩土特征	围岩分级	岩土特征	围岩分级	
YDK7+050.00～YDK7+300.00	250	全、强风化花岗岩	Ⅳ～Ⅴ	素填土,局部为砾质黏性土	Ⅴ～Ⅵ	素填土,局部为砾质黏性土	Ⅴ～Ⅵ	Ⅵ
YDK7+300.00～YDK7+450.00	150	砾质黏性土,全风化花岗岩	Ⅳ～Ⅴ	砾质黏性土,全风化花岗岩	Ⅳ～Ⅴ	砾质黏性土,全风化花岗岩	Ⅵ	Ⅵ
YDK7+450.00～YDK7+480.00	30	强、中等风化花岗岩	Ⅳ	全、强风化花岗岩	Ⅳ～Ⅴ	砾质黏性土,全风化花岗岩	Ⅵ	Ⅵ
YDK7+480.00～YDK7+550.00	70	砾质黏性土,全风化花岗岩	Ⅴ	砾质黏性土,全风化花岗岩	Ⅴ	素填土,局部为砾质黏性土	Ⅴ～Ⅵ	Ⅵ
YDK7+550.00～YDK7+670.00	120	强、中等风化花岗岩,底部微风化花岗岩	Ⅳ	砾质黏性土,全、强风化花岗岩	Ⅳ～Ⅴ	素填土,局部为砾质黏性土	Ⅴ～Ⅵ	Ⅵ
YDK7+670.00～终点	180.142	砾质黏性土,全、强风化花岗岩	Ⅳ～Ⅴ	砾质黏性土,全、强风化花岗岩	Ⅳ～Ⅴ	素填土,局部为砾质黏性土,局部砾砂	Ⅴ～Ⅵ	Ⅵ

2.2.3 水文条件

深圳市的气候属亚热带季风气候，热量丰富，日照时间长，雨量充沛。气候和降雨量随冬、夏季风的转换而变化，每年5～9月为雨季。

本场地地下水按赋存条件主要为孔隙水及基岩裂隙水。孔隙水主要赋存在冲洪积砂类土、黏性土及残积砾质黏性土、全风化花岗岩中，基岩裂隙水赋存于强风化及中等风化花岗岩中。勘察期间稳定地下水位埋深3.00～9.00 m，水位高程36.87～22.57 m，水位变幅0.5～2.0 m。地下水总的径流方向为由北向南。地下水的排泄途径主要是蒸发和径流。主要补给为大气降水及地表水渗透。

根据深圳地铁7号线桃源村站至深云站区间室内试验结果、《深圳地区地基处理技术规范》(SJG 04—96)和《深圳地区建筑深基坑支护技术规范》(SJG 05—96)，在参照地区经验的基础上给出各岩土层的富水性及渗透系数，见表2.2-3所示。

表2.2-3 钻孔抽水试验成果汇总统计表

抽水试验孔号	试验段位置		试验数据		
	试验地层	试验深度(m)	降深次序	渗透系数(m/d)	单位涌水量[L/(s·m)]
MGZ3-TTS-24	⑧$_2$强风化花岗岩 ⑧$_2$中等风化花岗岩 ⑧$_3$微风化花岗岩	15.70～24.00	1	0.632	0.053
			2	0.667	0.061
			3	0.706	0.072
MGZ3-TTS-62	⑧$_2$强风化花岗岩 ⑧$_3$微风化花岗岩	23.50～30.00	1	0.697	0.048
			2	0.742	0.054
			3	0.804	0.066
MGZ3-TTS-81	⑧$_3$微风化花岗岩	16.50～23.00	1	0.324	0.023
			2	0.387	0.029
			3	0.436	0.037

第3章　孤石探测技术研究

3.1　桃深盾构区间孤石分布情况

项目工区地理位置如图3.1-1所示。

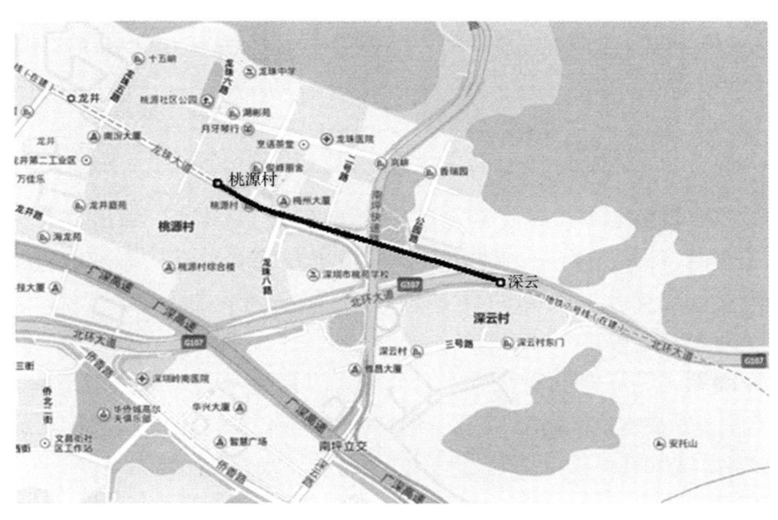

图3.1-1　项目工区地理位置示意图

3.1.1　普查和详查阶段孤石勘察结果

在可研勘察的基础上，充分利用既有资料并结合地质调绘、钻探、物探及原位测试、室内岩土试验、数码照相等综合方法，整理并综合分析评价各方法获取的信息，按照规范规定要求编写完成岩土工程勘察报告。投入的主要设备见表3.1-1。

表 3.1-1 主要机械设备

序号	设备名称	型号规格	数量	用途
1	工程钻机及配套设备	XY-100 型	7 台	工程地质钻探
2	取土器	普通、薄壁	7 套	采取原状土样
3	标准贯入设备		7 套	标准贯入试验
4	提水试验设备		1 套	提水试验
5	岩土工程检测仪	CE-9201	1 套	波速测试
6	全站仪	拓普康 GTS-332N	1 台	测放勘探孔位
7	水准仪	苏光 DSZ2 精密自动安平水准仪	1 台	测勘探孔高程
8	管线探测仪	YJ01-JTD-400G	1 台	探测地下管线
9	数码照相机	SONY	5 台	拍摄现场及岩芯照片

按照《城市轨道交通岩土工程勘察规范》(GB 50307—2012)规定，结合农林站平面图、纵断面、场地情况及既有钻孔资料，布置勘探工作量。勘探孔在线路两侧并列布点，勘探孔间距约为20 m，设计深度为 30.0～35.0 m。

桃深区间详勘布置勘探孔 102 孔，钻孔编号为 MGZ3-TTS-1～102，其中，技术孔 56 个，鉴别孔 43 个；特殊试验孔：波速测试孔 5 个，抽水试验孔 3 个，旁压试验孔 2 个。勘探孔位置如图 3.1-2。

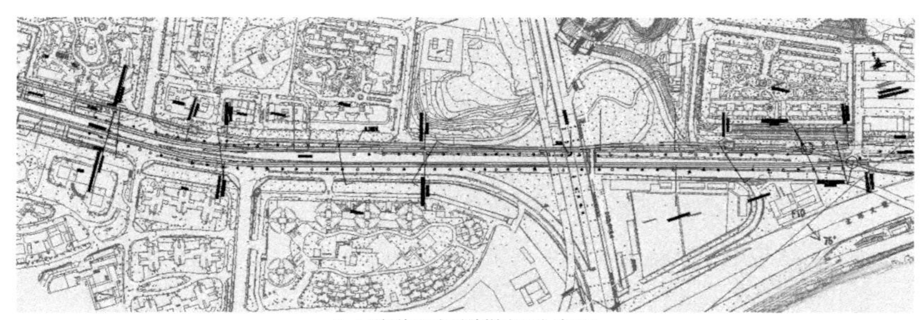

(a)隧道区间详勘探孔布置

图 3.1-2

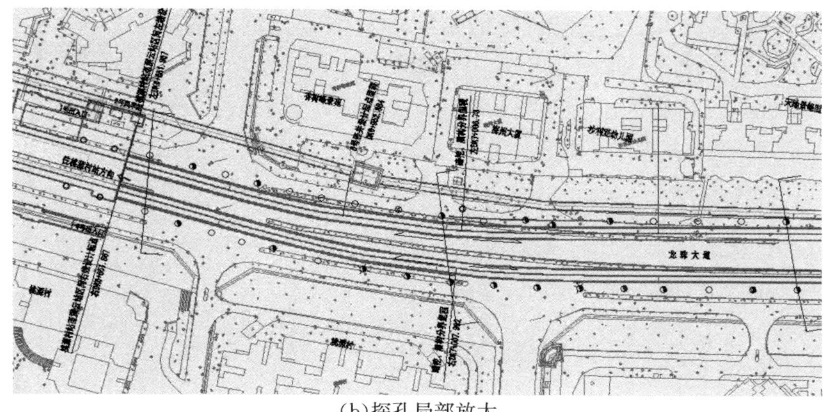

(b)探孔局部放大

图 3.1－2　桃源村站至深云站区间详勘探孔位置平面图

通过普查和详查发现本场地下伏基岩为花岗岩，花岗岩残积层和风化岩中普遍存在差异风化现象，勘察过程中揭示，在钻孔 MGZ3-TTS-40 孔全风化岩中发育中等风化花岗岩体，在钻孔 MGZ3-TTS-24、MGZ3-TTS-46 孔强风化岩中发育中等风化花岗岩体，在钻孔 MGZ3-TTS-33、MGZ3-TTS-60 孔强风化岩中发育微风化花岗岩体，设计和施工时应予以注意。

3.1.2　补勘阶段孤石勘察结果

桃深区间周边环境、地质条件极其复杂，为补充查明桃源村站—深云站盾构区间工程地质情况，对其进行了地质勘探工作，主要是补充查明本次勘察区间范围内的地层岩性、地质构造、不良地质作用。补勘过程中调配 4 套 XY-1 型油压回转钻机进场，根据勘察的目的任务，共布置 35 个钻孔，后又增加 2 个钻孔，实际施工 37 个钻孔。勘探孔位置见图 3.1－3。

通过补充勘察得出：本场地下伏基岩为花岗岩，花岗岩残积层和风化岩中普遍存在差异风化现象，本次补勘过程中揭示，钻孔 JMBK-TS-2、2(1)、12、13、15、16、19、20、21、28 孔中共 9 孔发育孤石，根据补勘资料，目前已经查清楚的情况中右线侵入隧道的基岩长度共约 100 m，主要分布在 YDK7＋080～YDK7＋120、YDK7＋470～YDK7＋530、YDK7＋590～YDK7＋620 等里程段内；右线详勘时共 4 孔揭示存在孤石，孤石大部分分布在全～强风化花岗岩中，少数分布在砂质黏性土中。

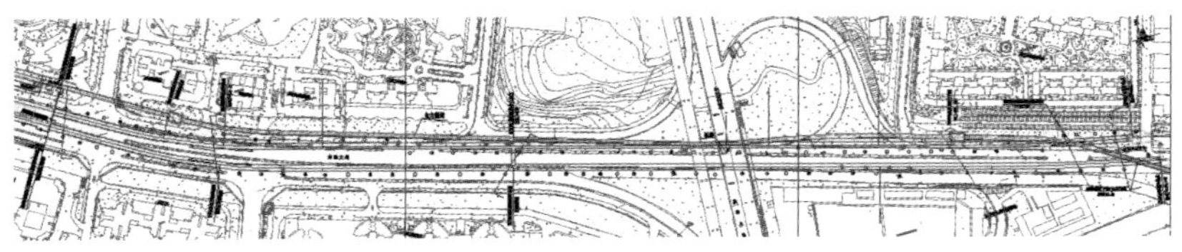

(a)隧道区间补勘探孔布置

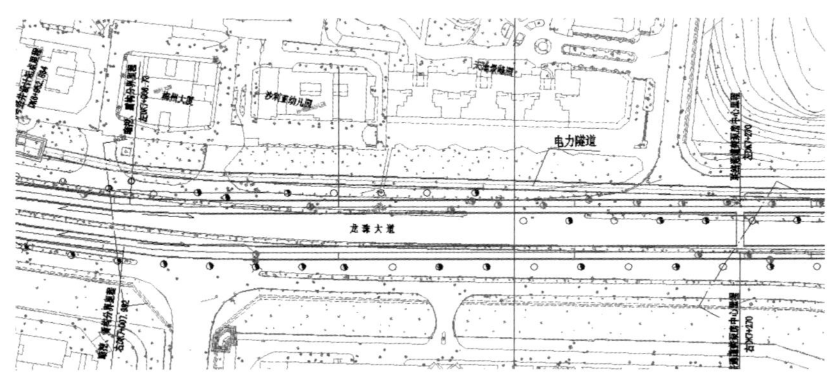

(b)探孔局部放大

图 3.1－3 桃源村站至深云站区间补勘探孔位置平面图

3.1.3 盾构穿越地层孤石分布情况

桃深区间部分洞段施工图揭示存在球状风化体(孤石)，其中左线里程 DK6＋988、DK7＋138.7、DK7＋151.3、DK7＋206.3、DK7＋225.9、DK7＋245.2、DK7＋628.2，右线里程 YDK6＋947.9、YDK7＋285.4 附近孤石较为集中，且侵入隧道内，其强度高，对盾构掘进影响大。其中，右线 YDK6＋890～YDK7＋060 段基岩突起与孤石分布情况如图 3.1－4 所示。钻孔已揭示的孤石分布情况详见桃深区间右线孤石分布情况一览表(表 3.1－2)。

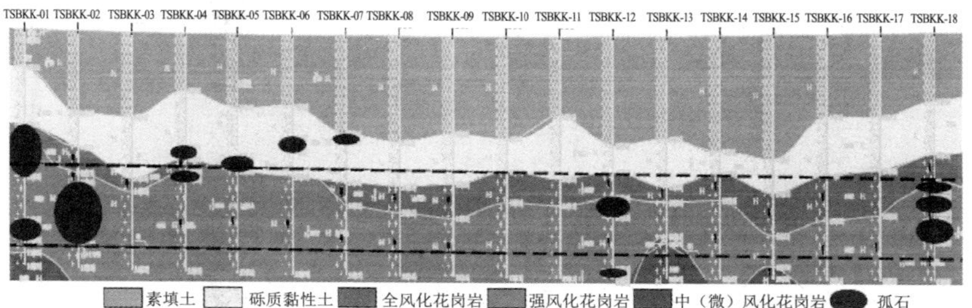

图 3.1－4 右线 YDK6＋890～YDK7＋060 段基岩突起与孤石分布情况

表 3.1－2 桃深区间右线孤石分布情况一览表

序号	钻孔编号	里程桩号	孤石分布情况	揭示厚度(m)	备注
1	TSBKK-01	YDK6＋889	埋深 7.5～11.5 m、14.8～16.4 m 强风化内	1.6～4.0	补勘
2	TSBKK-02	YDK6＋899	埋深 11.8～16.6 m 强风化内	4.8	补勘
3	TSBKK-04	YDK6＋919	埋深 8.8～9.8 m 残积土内，10.8～11.4 m 强风化内	0.6～1.0	补勘
4	TSBKK-05	YDK6＋929	埋深 9.5～10.7 m 残积土内	1.2	补勘
5	TSBKK-06	YDK6＋939	埋深 8.0～9.1 m 残积土内	1.1	补勘
6	TSBKK-07	YDK6＋949	埋深 7.7～8.3 m 残积土内	0.6	补勘
7	TTS-24	YDK6＋998	埋深 15.7～17.4 m 强风化内	1.7	详勘
8	TSBKK-12	YDK6＋999	埋深 12.5～14.0 m、18.0～18.5 m 强风化内	0.5～1.5	补勘
9	TSBKK-18	YDK7＋059	埋深 11.6～12.2 m、12.7～14.0 m、14.5～16.3 m 强风化内	0.6～1.8	补勘
10	TSBKK-J-3	YDK7＋094	埋深 11.6～12.3 m 强风化内	0.7	补勘

续上表

序号	钻孔编号	里程桩号	孤石分布情况	揭示厚度(m)	备注
11	TTS-40	YDK7+157	埋深 20.5～21.0 m 全风化内	0.5	详勘
12	TTS-46	YDK7+217	埋深 16.2～18.4 m 强风化内	2.2	详勘
13	TTS-60	YDK7+327	埋深 17.8～19.0 m 强风化内	1.2	详勘

根据目前已发现大量的孤石、硬岩段，说明桃深盾构区间均存在极大施工风险，主要表现为安全风险不可控、工期难以控制、增加施工费用。

3.2 不同孤石探测方法的适应性分析

钻探和各种物探方法是探测孤石的重要手段。钻探可直观地揭露地层，对孤石进行采样，无疑是最为精准的点位探测方法。然而，相对于地铁工程详勘阶段 20 m 的钻孔间距而言，孤石尺寸要小得多，因此，通过详勘钻探所揭露的孤石十分有限，即使通过加密钻孔提高揭露孤石的机率，但受成本、场地条件等限制难于实施。

孤石与其周围残积土、全风化或强风化岩的物性差异，是地球物理方法探测孤石的物性前提。受地铁建设沿线场地条件及多种场源干扰限制，采用地震及电法类的地球物理勘探方法探测孤石，不同方法的探测结果存在较大差异，瞬变电磁法、地质雷达法、地震映像法等地面物探方法均达不到理想效果。孔间/孔中物探方法具有相对较好的探测效果，但不同探测方法探测效果也不尽相同。如电磁波 CT 探测，对孤石位置的描述误差较大。跨孔回声法对孤石平面定位的工作量较大，且孤石成群发育时无法分辨个体。跨孔超高密度电法 CT 和跨孔地震 CT 取得了较好效果，对孤石定位较好，与钻孔揭露结果较为吻合。孔间/孔中物探方法必须有钻孔作为探测前提，在道路、建筑物密集的城区钻探难于施工，容易成为孤石探测的盲区，从而形成安全隐患。再者，孔间/孔中物探方法的探测效果也受钻孔间距影响。

微动勘探法（The Microtremor Survey Method，简称 MSM）是基于利用地震台阵微动信号的垂直分量估算面波相速度的理论，通过对瑞雷波频散曲线反演，获得观测台阵下方介质 S 波速度结构的地球物理勘探方法。目前，MSM 被公认为是获得 S 波速度结构最有效、最便捷的方法之一，尤其适用于城区人口密度大、有振动干扰的环境。早期，研究者们仅仅利用长周期（>1 s）微动信号估算观测台阵之下的深部 S 波速度结构，也称之为微动测深。之后，利用短周期微动信号（<1 s）估算浅部 S 波速度结构的研究成果越来越多，MSM 对浅部 S 波速度结构探测的有效性逐渐体现，这对城市工程地质勘探具有重要意义。近些年来，长周期和短周期微动信号已同时被用于估算浅-深部的 S 波速度结构，并采用二维微动剖面探测技术，实现对地质结构或构造的二维探测。微动探测适用于地面条件相对较好的情况，在交通繁忙、钻探无法实施的地段具有其独特的优势，但是其精度仍需进一步提高。该方法特别适合于城市环境的探测，是一种很有前景的物探方法。

3.2.1　钻孔探测技术

钻孔探测技术就是用钻机按照一定的角度和方向向地下钻孔，通过取出孔内的岩心、岩屑或在孔内放入测试仪器，以了解地下的岩层、矿产或者地质构造等。钻探主要是揭露地层层序、结构、岩土工程特征，取样及孔内测试，认识地表以下地层特征及地下水情况。采用全站仪按坐标放孔并抄平，采用地下管线探测仪进行孔位处地下管线探测，确认孔位处无地下管线等障碍物及地上障碍物后，XY-100 型钻机就位，开钻。钻探工艺、取样、孔内测试等严格执行《铁路工程地质钻探规程》（TB 10014—2012）的有关规定。岩芯按顺序放于岩芯箱内，及时鉴定、记录，并用数码相机逐孔逐箱拍摄记录。准确量测初见及稳定水位。钻孔终孔时现场进行钻探质量评定，合格后及时封填钻孔并移入下孔钻探。

采用钻孔探测技术探测孤石主要是根据地勘资料进行钻孔布

置、优化钻探方案以确定孤石的形状和位置。其中钻孔布置是整个探测方案成败的决定因素，应该综合考虑现场条件的可行性、施工成本的可控性，结合预处理方案再进行设计。因此，在设计钻孔布置方案前应进行调查研究，分析沿线地层中存在孤石的可能性和位置；初步设计处理方案，为布置钻孔做好充分的准备工作，以降低施工成本和时间。在确定探测方案时，如果要求将沿线的孤石全部探测出来，钻孔成本、道路恢复、占道费用等将是一笔很高的费用；所以根据地质详勘资料和现场调查，对显示有钻孔揭露孤石的隧道线路地段作为钻探孔布置的重点区域，钻探时如果发现隧道洞身范围内存在孤石则通过合理布孔方案，利用钻孔探测方法探测清楚孤石的形状和位置。

目前主要的钻孔探测中的主要钻进方法有回转成孔钻进方法、冲击成孔钻进方法、冲击回转成孔钻进方法、冲抓成孔钻进方法、旋挖成孔钻进方法等。其中回转钻进方法主要应用于较软到中硬地层的钻进中，采用该方法钻进时要求钻机能够提供较大的钻压和扭矩，是应用最早的钻进方法；尾部冲击钻进方法主要以风镐等钻孔机具为代表，该方法采用在钻杆（钎杆）尾部施加高频冲击荷载并通过钻杆（钎杆）将冲击荷载传递至钻头（钎头）实现快速破碎岩石，主要应用于钻进小直径岩层钻孔作业中；潜孔冲击钻进方法主要应用于硬岩钻进施工中，该方法采用具有高压、大流量的流体介质作为动力传输介质驱动孔底潜孔锤工具进行往复冲击运动实现孔底岩石破碎，与其他钻进方法相比，采用潜孔冲击钻进方法能够获取更高的钻孔效率，且其钻孔质量好，孔斜较小。在孤石的钻孔探测中应用较多的方法是回转成孔钻进方法。

3.2.2 常用物探方法

1. 重力探测

重力探测是以研究对象与围岩存在密度差异为前提条件的，利用地下地质体质量亏损或盈余，在地表观测其所引起的重力异常。根据异常推断地质体的分布范围、粒径大小等。孤石密度较大形成质量盈余，引起重力异常。利用高密度、高精度微重力测量和适当的资料处理解释方法在面积上控制孤石范围。采用数字地形多剖分体高精度地改方法及三维解释方法以提高解释的准确性。但是，在利用重力勘探方法进行孤石探测时只有当孤石粒径较大，引起较大的质量盈余时，才能在探测中有所反映，对于粒径较小的孤石，重力勘探方法将无法探测。

2. 电法探测

(1)电阻率成像法

电阻率成像法是通过对地下半空间中传导电流分布规律进行研究，以获得地下介质的视电阻率，从而进行勘探。该方法探测的物性基础是探测目标与周围介质在视电阻率上的差异。该方法对孤石探测的定位是准确和可行的，在最终的电阻率成像二维测量成果图中一般都是高阻异常封闭圈。

(2)跨孔超高密度电阻率法

跨孔超高密度电阻率法是一种全新的电法勘探理念。在两钻孔中一次布极，采集任意组合电极间的电位信息，1 h内能采集数万条数据，在城市中采用跨孔观测能避开近地表干扰，提高数据信噪比，数据预处理后利用2.5维反演技术计算断面真电阻率数值。同时，该勘探方法的精度随孔深和孔间距比例系数的增大而提高，但是该方法受孔距较小的制约从而增加了成本。

(3)瞬变电磁法

瞬变电磁法是利用不接地回线或接地线源向地下发射一次脉冲磁场，在一次脉冲磁场间歇期间，利用线圈或接地电极观测地下介质中引起的二次感应涡流场，从而探测介质电阻率的一种方法。其基本工作方法是在地面或空中设置一定波形电流的发射线圈，从而在其周围空间产生一次电磁场，并在地下地质体中产生感应电流；断电后，感应电流由于热损耗而随时间衰减；根据二次感应涡流场的变化，可以判断地质体的分布范围、规模和产状等，间接解决孤石等地质问题。该方法具有分辨能力强、工作效率高、受地形影响小、能穿透高阻覆盖层等优势，在孤石探测中的应用发展空间较大。但是，由于孤石粒径相对较小，该方法在孤石探测中存在精度不高、定位较差的缺点。

(4)甚低频电磁法

甚低频电磁法是一种被动源电探方法。它利用频率为 15～25 kHz超长波通信电台所发射的电磁波为场源，通过在地表、空中或地下探测场的参数变化从而探测地下地质体。一般情况下二次场和一次场合成后的总场与一次场的振幅方向、相位均不相同，即引起了一次场的畸变。使用专门的仪器通过测量某些参数的畸变可发现地质体的存在，然而该方法在探测粒径在几十厘米至几米之间的孤石时，产生的异常较小，导致探测精度不高，因此该方法在孤石探测中仍需进一步研究。

(5)探地雷达

探地雷达方法是通过发射天线向地下发射高频电磁波，通过接收天线接收反射回地面的电磁波，电磁波在地下介质中传播遇到存在电性差异的分界面时发生反射，根据接收到的电磁波波形、振幅强度和时间变化等特征推断地下地质体的空间位置、结构、形态和埋藏深度。探地雷达可以更换不同频率的天线，因此探测深度可控，但总体上适用于探测埋藏深度较浅的地质体。探地雷达利用地下介质的电性差异来查明地下地质体的分布范围、粒径大小等。探地雷达具有分辨率高、操作简便等优点，但其探测受介质水的影响较大，从而严重影响其探测深度，在城市的复杂电磁环境中存在天线屏蔽问题，因此探地雷达在孤石探测工作中的应用被限制。

(6)EH-4 法、MT 法、CSAMT 法和 EMAP 法

Stratagim TMEH-4 电导率成像系统(简称 EH-4 法)是美国 EMI 和 Geometrics 公司联合生产，以地壳上部(0～2 km)为主要探测和研究正交的 2 个电场分量(E_x，E_y)和 2 个磁场分量(H_x，H_y)。

利用上述观测的参数可求得2个不同方向上的视电阻率，进而计算张量阻抗，获取地层的电阻率值。

可控源音频大地电磁测深法（简称CSAMT法）是以有限长接地电偶极子为场源，在距偶极中心一定距离处同时观测电、磁场参数的一种电磁测深方法。

电磁排列剖面法（简称EMAP法）是在大地电磁法（简称MT法）和可控源音频大地电磁测深法的基础上发展起来的，既具有MT法的轻便灵活，又具有CSAMT法的稳定性。

CSAMT法具有勘探深度大、数据采集自动化程度高、受地形影响相对小等优点，但是对于埋藏深度较浅、发育规模较小的孤石，在电阻率剖面上反映不太明显，探测效果不太理想，无法发挥其探测优势。同样，EH-4法和EMAP法也是对大片低值电磁异常有明显反应，对于孤石等引起较小的电磁异常反应不明显。以上几种电磁法探测一般用于探测深部构造，探测孤石未见到工程实例。

3. 地震勘探

地震勘探是利用地下介质弹性差异，通过观测和分析大地对人工激发地震波的响应，推断地下地质体的性质和形态的地球物理勘探方法。地震波在向地下传播时，遇到介质性质不同的弹性分界面将发生反射、折射和透射，在地表或井中用检波器接收不同的地震波，便是不同的地震勘探方法。通过对地震波记录进行处理和解释可推断地下地质体的性质和形态。

以下分类介绍各种地震方法在孤石探测中的应用：

(1)浅层地震反射波法

浅层地震反射波法是利用反射波的波形记录的地震勘探方法。根据反射波的波形记录对反射信号进行分析，用以推断地下地质体的性质和形态，但该方法不适宜推广到陆地。

(2)瑞雷波法

瑞雷波法是根据瑞雷面波传播的频散特性，利用人工震源激发产生多种频率成分的面波，寻找出波速随频率的变化关系，最终确定瑞雷波速度随场点坐标的变化关系，以解决浅层孤石探测等问题。瑞雷波法在孤石探测中更具实用性和有效性。当遇到孤石时，瑞雷波速度提高，据此可以推断出孤石的分布范围和粒径大小等。多道瞬态瑞雷波法在城市马路中有噪声干扰大的问题，传感器与地面的耦合也不容易克服。

(3)地震波 CT 法

地震波 CT 法(地震波层析成像法)是在一个钻孔内不同深度放炮，将检波器放于钻孔内从获得的地震记录中拾取地震纵波初值，计算出地层平均速度及某一深度区间的层速度，从而得到两钻孔间地质异常体的赋存状态，进而圈定异常体的范围。该方法同样受到孔距较小的制约，从而增加了成本。

(4)微动探测

微动(Microtremor)是指地球表面的微弱振动，微动的振幅约为 $10^{-4}\sim10^{-2}$ mm，频率变化范围为 0.3～5.0 Hz。它是由体波和面波组成的复杂振动，且面波(Reyleigh 波和 Love 波)能量约占总能量的 70%以上。由于面波的频散特性，微动信号具有振幅、频率随时间、空间发生显著变化的特点，但在一定时空范围内仍满足统计稳定性，可用平稳随机过程来描述。与传统地震勘探及地震学中采用射线理论估算地震波传播速度不同，由于微动源的不确定性，微动信号中面波的相速度则通过求取圆形观测阵列中台站间的空间自相关系数获得，而无需考虑微动源的位置及其与观测台站的距离，该方法称之为空间自相关法(Spatial Auto Correration Method，简称 SPAC 法)。采用空间自相关法从微动信号中提取瑞雷波频散曲线时，频散特性与介质结构有关，通过频散特性可获得介质结构信息。将微动探测技术应用于地铁工程勘察，可以极大地减少钻探工程量。微动探测在交通繁忙、钻探无法实施的地段具有其独特的优势，但是其精度仍需进一步提高。该方法特别适合于城市环境的探测，是一种很有前景的物探方法。

4. 综合物探方法

每种物探方法各有优缺点，但是普遍存在准确度不高的问题，所以利用物探的某一种探测方法难以满足所有的探测需求。一般需要2种以上的物探方法互相对比验证，以克服物探解译的多解性，使得到的结果更加接近于实际情况。同时，还需结合现场钻孔资料对探测结果进行验证，以提高解译的准确度。例如采用地震法对孤石进行粗探，同时辅以跨孔CT法对孤石进行精探，必要时配合一定的钻孔进行验证。

3.2.3　物探方法优缺点及适应性

重力探测法一般用在深度异常场合，对于能否探测到浅部的孤石未见工程实例。探地雷达的探测深度与天线频率及地下水密切相关，还有在城市复杂电磁环境中的天线屏蔽问题，因此探地雷达在孤石探测工作中的应用被限制。地震反射波CDP叠加技术在台山核电海域花岗岩孤石探测中得到了成功应用，但该方法不适宜推广到陆地。多道瞬态瑞雷波法在城市马路中有噪声干扰大的问题，传感器与地面的耦合不容易克服。大地电磁测深法一般用于探测深部构造，探测孤石未见工程实例，各类孔间、孔中CT方法受到钻孔间距的影响。微动或天然源面波利用城市中车辆等的噪声作为振动源，提取的频散曲线可变换为地层的视S波速度。由于S波速度与介质的密度有良好的相关性，特别适合城市环境，是一种很有前景的物探探测方法。主要物探方法的优缺点及其适应性见表3.2。

表3.2　主要物探方法的优缺点及其适应性

序号	物探方法	优　点	缺　点
1	重力探测法	利用质量盈余探测孤石，方法简单	无法探测粒径较小的孤石
2	孔间、孔中CT法	在地面利用钻孔进行探测，能够避开近地干扰，探测比较准确	对小于0.5 m的孤石探测困难，探测精度受孔间距影响大，成本较高

续上表

序号	物探方法	优　点	缺　点
3	探地雷达	分辨率高、操作简便，地面限制少，对环境要求低，浅层探测效果好	探测深度受到天线频率及地下水限制，在城市复杂电磁环境不适用
4	地震反射波CDP法	反射波的波形记录可推断地下地质体的性质和形态	场地要求高，不宜在陆地实施探测
5	瑞雷波法	实用性和有效性强，浅层孤石探测较准确	需要人工震源，有噪声，对周围环境干扰大
6	微动探测法	对周边环境无破坏，可夜间作业，探测速度快。可在交通繁忙、建筑物密集、钻探难于实施的闹市区域进行探测	要专业的解译，探测精度需要提高

近年来，物探方法先后在重大工程建设领域得到了成功应用，取得了显著的社会效益和经济效益，特别是微动探测作为一种全新的孤石探测手段，二维微动剖面技术尤其适用于交通繁忙、建筑物密集、各种场源干扰严重的闹市区，在城市地铁建设中将有广泛的应用前景。

3.3　孤石微动探测方法与探测原理简介

地球表面无论何时何地都存在一种天然的微弱振动，被称为微动。微动剖面探测是一种基于微动台阵探测地球的物理探测方法。工作原理可用图 3.3-1 所示的流程图表示。

采用类空间自相关法——SPAC 法从微动台阵记录中提取瑞雷波频散曲线，计算视 S 波速度 V_x，再经插值光滑计算获得二维视 S 波速度剖面，视 S 波速度剖面能客观、直观地反映地层岩性变化，是地质解释的基本依据。H/V 曲线是各分量进行傅里叶变换得到频谱，通过水平分量和垂直分量的频谱比值得到，工作原理如图 3.3－2 所示，它反映的是地层的波阻抗界面，也是寻找土层的分界面的依据之一。

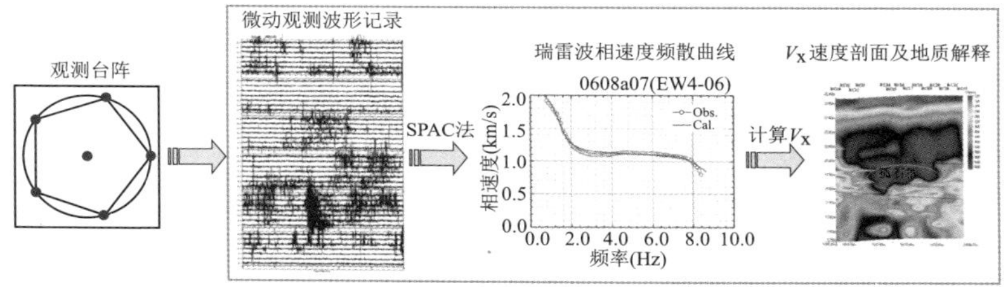

图 3.3－1　S波速度剖面获取流程图

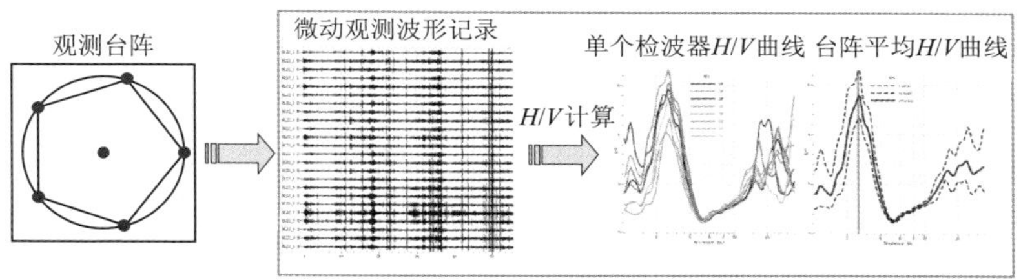

图 3.3－2　H/V 曲线获取流程图

3.3.1　仪器及参数

采用 SWS-6 工程地震仪结合三分量检波器完成微动数据采集。该系统由 2 Hz 拾振仪（速度型、三分量）和地震仪组成。地震仪的主要性能指标见表 3.3－1。

表 3.3－1　地震仪主要性能指标

项目	主要性能指标
道数	24 通道
采样间隔	0.01～4 ms 之间可选
采样点数	512、1 024、2 048、4 096、8 192、16 384 可选

续上表

项目	主要性能指标
频带宽度	0.5～4 000 Hz
采集板参数	瞬时浮点放大，双 A/D 采集，A/D 为 20＋bit，动态范围 120～132 dB，动态范围大，信噪比高
滤波功能	数字滤波
数据接口	USB 口
存储介质	CF 卡
记录方式	连续记录
主板	工控级主板
外配	U 盘、键盘、鼠标
电源	DC 12 V
操作系统	Mircosoft Windows XP 系统
规格	38 cm×33 cm×17 cm(长×宽×高)

用一个记录仪同时记录一个台阵 6 个拾振器(摆)的微动数据。拾振器(摆)采用重庆地质仪器厂生产的 CDJ-S2C-2 三分量检波器，技术参数见表 3.3－2。

表 3.3－2　CDJ-S2C-2 幅值、相位数据记录

编号	测试频点(Hz)	幅值输出(mv/cm/s)						相对相位差(°)		
		垂直向(Z)	相对误差(dB)	正东向(L)	相对误差(dB)	正北向(T)	相对误差(dB)	垂直向(Z)	正东向(L)	正北向(T)
1	1.04	525	标准	593	1.06	605	1.23	标准	－0.11	－0.47
	2	1 427		1 478	0.31	1 496	0.41		－0.25	－0.11
	10	2 043		2 046	0.01	2 048	0.02		－0.02	－0.12
2	1.04	507	－0.30	627	1.54	645	1.79	0.30	－0.60	－0.61
	2	1 419	－0.05	1 517	0.53	1 526	0.58	0.20	－0.34	－0.34
	10	2 053	0.04	2 058	0.06	2 054	0.05	－0.08	－0.20	－0.28

续上表

编号	测试频点(Hz)	幅值输出(mv/cm/s)						相对相位差(°)		
		垂直向(Z)	相对误差(dB)	正东向(L)	相对误差(dB)	正北向(T)	相对误差(dB)	垂直向(Z)	正东向(L)	正北向(T)
3	1.04	584	0.93	639	1.71	585	0.94	-0.07	-0.34	-0.35
	2	1 475	0.29	1 536	0.64	1 471	0.26	-0.20	-0.17	-0.11
	10	2 014	-0.12	2 036	-0.03	2 069	0.11	-0.18	-0.04	-0.07
4	1.04	503	-0.37	565	0.64	569	0.70	-0.30	0.03	-0.30
	2	1 421	-0.04	1 456	0.17	1 456	0.17	-0.10	0.04	-0.44
	10	2 052	0.04	2 002	-0.18	1 976	-0.29	0.12	0.15	-0.08
5	1.04	568	0.68	589	1.00	564	0.62	-0.35	-0.75	-0.45
	2	1 516	0.53	1 497	0.42	1 495	0.40	-0.08	-0.48	-0.37
	10	2 142	0.41	2 019	-0.10	2 049	0.03	0.30	0.10	-0.20
6	1.04	571	0.73	585	0.94	575	0.79	-0.42	-0.28	0.11
	2	1 495	0.40	1 478	0.31	1 438	0.07	-0.17	-0.25	0.00
	10	2 042	0.00	2 034	-0.04	2 023	-0.09	0.02	-0.20	0.20
7	1.04	599	1.15	608	1.27	607	1.26	-0.54	-0.76	-0.32
	2	1 548	0.71	1 548	0.71	1 482	0.33	-0.17	0.20	-0.02
	10	2 073	0.13	2 072	0.12	2 034	-0.04	0.08	0.03	0.10
8	1.04	543	0.29	575	0.79	599	1.15	-0.27	-0.39	-0.36
	2	1 427	0.00	1 465	0.23	1 515	0.52	-0.20	-0.10	-0.17
	10	2 055	0.05	2 075	0.13	2 043	0.00	-0.08	0.11	0.09

3.3.2 仪器一致性

在正式微动观测前，必须测试仪器的一致性，以确保观测资料的可靠、有效。将全部仪器放置到同一点处同步记录 10 min 左右，由该记录计算各台仪器的功率谱、功率谱之比、相关系数和相位差，以对仪器的一致性作出评价。图 3.3-3 为计算获得的各台仪器的功率谱、功率谱之比、相干系数和相位差。结果表明，仪器的一致性优于 97%，达到微动探测对仪器一致性的要求。

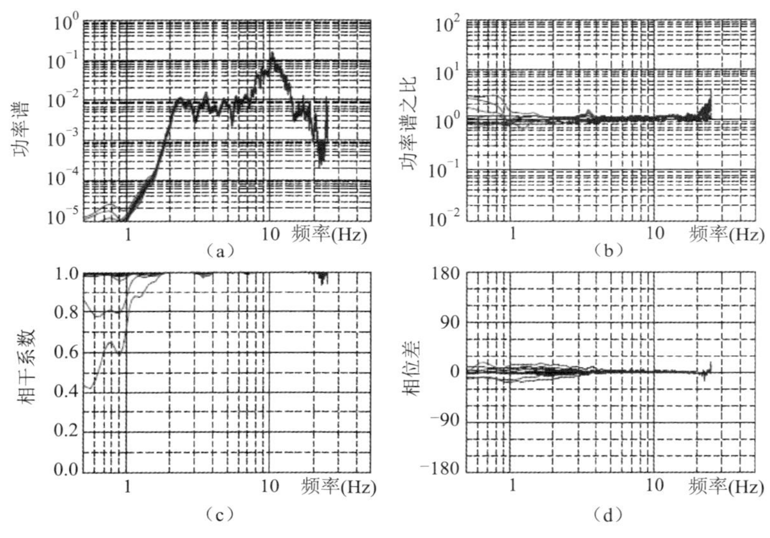

图 3.3-3 一致性测试结果

3.3.3 数据采集及处理

本次微动探测采用如图 3.3-4 所示的五边形阵列观测系统，每个圆形阵列由放置于五角星顶点和中心点的 6 个摆及一套记录仪组成。

数据正式采集之前，对记录仪进行采集参数设置。在仪器放置到位，确保进入正常工作状态后，尽量保持周围环境相对安静，以利有效记录数据。实际施工时按照设计的观测系统沿测线逐点进行观测，单点每次观测时间为 10～20 min，观测结束后将整个台阵移动到下一个勘探点观测。图 3.3-4 为数据采集现场照片，实测波形示意图如图 3.3-5 所示。

图 3.3-4　数据采集现场照片

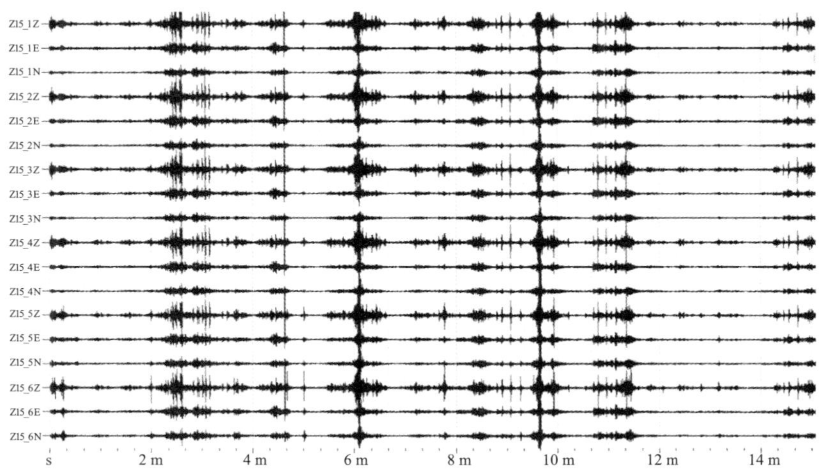

图 3.3-5　微动探测实测波形

3.3.4 数据采集及处理质量评述

测线沿深圳市南山区交通主干道龙珠大道自西往东方向前进，测试台阵范围位于龙珠大道中间或道路中间隔离带，测试时需进行临时交通布控，测试时间一般为当天晚上22:30至次日早晨5:30。地表主要为道路的水泥路面，路面较平坦，易于施工，当测点位于道路中间植被隔离带时，按就近原则稍微调整，确保圆形台阵基本位于隧洞顶面上。为了保证原始记录质量，现场对32个背景噪声稍大的测点进行复测。本次采集的数据信噪比相对较高，数据处理结果可靠性高，本次微动探测共处理213个微动勘探点的实测微动数据，获得了181条光滑的频散曲线。

3.4 孤石微动探测成果解释原则

3.4.1 孤石的地球物理特征

孤石与周围的花岗岩风化包裹土体有如下差别：密度差别；S波速度差别；S波波阻抗差别。

从微动探测方法上看，S波速度差异可以由计算的视S波速度剖面反映，波阻抗差异可以由测点的 H/V 曲线定性反映出来。由于孤石的大小不等，单一的速度参数推断孤石会有一定的误判，验证钻孔表明强风化土层常常会与孤石混淆，增加 H/V 参数可以提高孤石判别的准确度。

3.4.2 视S波速度剖面与 *H/V* 曲线解释原则

1. 视S波速度剖面解释原则

视S波速度剖面直观显示速度分层及其纵横向变化，是解释岩性及不良地质体的基本依据。

坚硬的高速块体对地铁盾构施工可能带来安全风险，所以微动剖面解释需重点关注高速异常体。无论基岩面凸起还是孤石，因为其致密、坚硬的物理特性，相对于围岩而言均为高速体，圈出隧道范围内被低速围岩“包裹”或“半包裹”的高速异常体，揭示隧道深度上高速界面的起伏情况，可为地铁盾构施工提供“预警”信息。

然而，高速度异常体是否是孤石，还需先确定所在层位的岩性。残积土、全风化及强风化层中的高速度异常体为孤石的可能性大，而黏土层中的高速异常体则可能是混杂其中的块石或滚石。本次微动剖面的解释以圈出隧道范围内的高速异常体并勾画出变化明显的速度分界面为主。

2. H/V 曲线解释原则

(1)H/V 曲线测试说明

微动 H/V 谱比法，又叫 Nakamura 方法或准转换函数谱方法，首先由 Nogoshi 和 Igarashi 提出，经 Nakamura 推广应用于场地响应评估。微动 H/V 峰值频率与松散沉积层的共振频率相吻合，这和很多应用结果相符，实际应用中可以把微动 H/V 峰值振幅作为场地放大系数的下限。H/V 曲线中的频率峰值 F_0 与松散覆盖层的平均剪切波速度和覆盖层厚度相关，可以用如下公式表示：

$$F_0 = V_s/(4H) \tag{3.4}$$

式中　V_s——覆盖层加权平均剪切波速度(m/s)；

H——松散覆盖层厚度。

(2)H/V 曲线的分类及各类型的特征

H/V 曲线根据曲线的形态大致可以分为 6 类：

①尖单峰(SHARP PEAK)。

②缓单峰(BROAD PEAK)。

③双峰或多峰(DUAL PEAK or MULTI PEAK)。

④前台阶型。

⑤后台阶型。

⑥杂乱型(采集信号不可靠)。

而不同类型的曲线形态反映了不同的地层结构，一般有如下规律：

尖单峰一般对应二层介质结构，即较软的覆盖层下覆基岩，分层界面处的波阻抗比大；缓单峰一般表示基岩界面有倾斜或接近基岩时有阻抗较接近的地层，如碎块状强风化岩；双峰表示在不同深度有二处波阻抗比大的地层；前台阶型表示在波阻抗比相对较大的地层深度下面还有阻抗比更大的地层；后台阶型表示在波阻抗比较大的地层深度下面还有阻抗比相对较小的地层。

对于孤石判断而言，应关注 H/V 曲线的峰值频率 F_0 和幅值 A_0，通过 H/V 曲线结合频散曲线反演计算分层速度结构，同时特别关注 H/V 类型中双峰型、多峰型、前台阶型及后台阶型的测点。

根据以上孤石的地球物理特征及 S 波剖面和 H/V 曲线的解释原则，可以将测试结果的异常（存在孤石的可能性）大致分为四大类，见表 3.4。

表 3.4 测试结果异常（存在孤石的可能性）分类

<table>
<tr><th>异常分类</th><th>分类依据</th><th>存在孤石可能性</th></tr>
<tr><td rowspan="2">Ⅰ</td><td>局部速度（稍）偏高</td><td rowspan="2">极小</td></tr>
<tr><td>速度无明显偏高，但台阵 H/V 曲线中出现小峰值频率对应较好</td></tr>
<tr><td rowspan="2">Ⅱ</td><td>局部速度（稍）偏高，且 H/V 曲线中出现小峰值频率对应较好或大峰值频率对应较差</td><td rowspan="2">较小</td></tr>
<tr><td>速度无明显偏高，但 H/V 曲线中出现大峰值频率对应较好</td></tr>
<tr><td rowspan="2">Ⅲ</td><td>速度明显偏高</td><td rowspan="2">较大</td></tr>
<tr><td>局部速度（稍）偏高，且 H/V 曲线中出现大峰值频率对应较好</td></tr>
<tr><td>Ⅳ</td><td>速度明显偏高，且 H/V 曲线中出现大峰值频率对应较好</td><td>极大</td></tr>
</table>

Ⅰ类异常：局部速度稍偏高或者偏高；或者无明显速度偏高但 H/V 曲线中出现小峰值频率对应较好等情况。该类异常对应的可能是岩土层分界面或者不均匀风化，出现孤石的可能性极小。该类

型盾构掘进安全评价为安全区。

Ⅱ类异常:局部速度稍偏高或者偏高,且 H/V 曲线中出现小峰值频率对应较好或者大峰值频率对应较差;或者无明显速度偏高但 H/V 曲线中出现大峰值频率对应较好等情况。该类异常对应的可能是阻抗比较大的岩土层分界面或者不均匀风化,出现孤石的可能性较小。该类型盾构掘进安全评价为警示区。

Ⅲ类异常:速度明显偏高;或者速度稍偏高或者偏高,且 H/V 曲线中出现大峰值频率对应较好等情况。该类异常对应的可能是速度较高的岩土体或不均匀风化,出现孤石的可能性较大。该类型盾构掘进安全评价为危险区。

Ⅳ类异常:速度明显偏高且 H/V 曲线中出现大峰值频率对应较好。该类异常对应的可能是速度较高的岩土体或不均匀风化核,出现孤石的可能性极大。该类型盾构掘进安全评价为危险区。

圈定微动探测的异常位置与验证钻孔位置及验证目的,将分别列表说明,建议钻孔验证按Ⅳ类异常、Ⅲ类异常、Ⅱ类异常、Ⅰ类异常的先后顺序进行。

3.5 孤石微动探测方法适应性现场试验论证

为了了解测试区内不同土层对应的 H/V 曲线的形态特征,并利用这些特征为测试结果的解释提供参考,共在测区内不同地方对4个揭示有孤石的详勘钻孔进行了台阵观测试验,获得4条 H/V 曲线,经过分析获取了一些有用的信息和经验。部分试验及验证结果分析说明如下:

1. 孤石类型 H/V 曲线特征

通过已知孤石钻孔的试验测试,发现存在孤石时圆形台阵 H/V 曲线的形态特征主要为前台阶型和双峰型,下面就这两种类型加以例举说明。另外根据相邻测区7301标(K4+500~K5+500)微动探测结果,存在孤石时圆形台阵 H/V 曲线的形态特征还可能以多峰型呈现，个别呈现为后台阶型与缓单峰型。

(1)前台阶型(TTS-24＃、TTS-46＃)的 H/V 曲线特征(图 3.5-1、图 3.5-2)

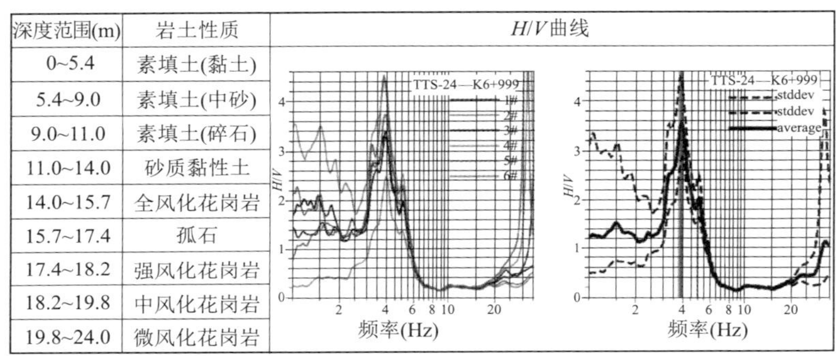

深度范围(m)	岩土性质
0~5.4	素填土(黏土)
5.4~9.0	素填土(中砂)
9.0~11.0	素填土(碎石)
11.0~14.0	砂质黏性土
14.0~15.7	全风化花岗岩
15.7~17.4	孤石
17.4~18.2	强风化花岗岩
18.2~19.8	中风化花岗岩
19.8~24.0	微风化花岗岩

图 3.5-1　TTS-24＃钻孔土层分布与对应的 H/V 曲线

右线 TTS-24＃详勘钻孔 H/V 曲线呈前台阶形态，$F_1=4.86$ Hz 及 $F_0=3.89$ Hz 处各出现一个较明显的峰值，推断 $F_1=4.86$ Hz 对应埋深 15.7 m 处存在孤石，估算孤石上覆土层的平均剪切波速为 305 m/s；推断峰值最大处 $F_0=3.89$ Hz 对应微风化花岗岩顶面埋深 19.8 m，估算得到其上覆土层平均剪切波速为 311 m/s。

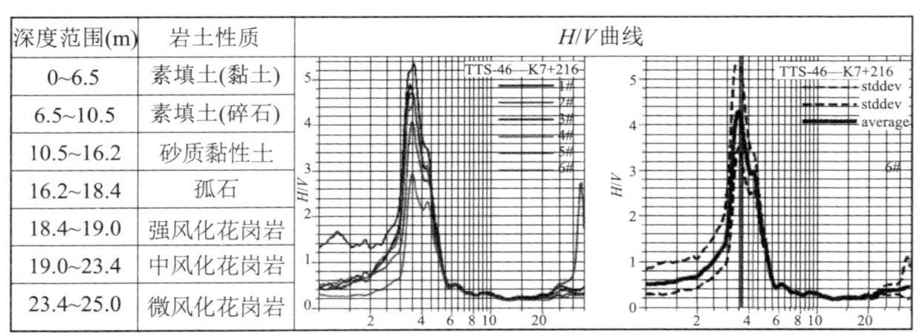

深度范围(m)	岩土性质
0~6.5	素填土(黏土)
6.5~10.5	素填土(碎石)
10.5~16.2	砂质黏性土
16.2~18.4	孤石
18.4~19.0	强风化花岗岩
19.0~23.4	中风化花岗岩
23.4~25.0	微风化花岗岩

图 3.5-2　TTS-46＃钻孔土层分布与对应的 H/V 曲线

右线 TTS-46＃补勘钻孔 H/V 曲线呈前台阶形态，$F_1=4.22$ Hz

及 F_0＝3.47 Hz 处各出现一个较明显的峰值，推断 F_1＝4.22 Hz 对应埋深 16.2 m 处存在孤石，估算孤石上覆土层的平均剪切波速为 273 m/s；推断峰值最大处 F_0＝3.47 Hz 对应微风化花岗岩顶面埋深 23.4 m，估算得到其上覆土层平均剪切波速为 325 m/s。

TTS-24＃、TTS-46＃两个试验点微动探测的 H/V 曲线特征与岩土层界面的对应关系见表 3.5－1。

表 3.5－1　H/V 曲线峰值频率与阻抗界面对应关系

钻孔号	孤石界面			微风化花岗岩界面		
	埋深（m）	F_1（Hz）	上覆土层平均剪切波速 V（m/s）	埋深（m）	F_0（Hz）	上覆土层平均剪切波速 V（m/s）
TTS-24＃	15.7	4.86	305	19.8	3.89	311
TTS-46＃	16.2	4.22	273	23.4	3.47	325

（2）双峰型（TTS-40＃、TTS-60＃）的 H/V 曲线特征（图 3.5－3、图 3.5－4）

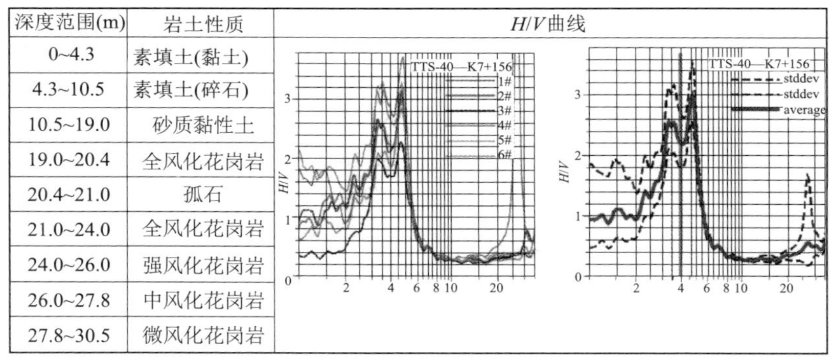

深度范围(m)	岩土性质
0~4.3	素填土(黏土)
4.3~10.5	素填土(碎石)
10.5~19.0	砂质黏性土
19.0~20.4	全风化花岗岩
20.4~21.0	孤石
21.0~24.0	全风化花岗岩
24.0~26.0	强风化花岗岩
26.0~27.8	中风化花岗岩
27.8~30.5	微风化花岗岩

图 3.5－3　TTS-40＃钻孔土层分布与对应的 H/V 曲线

右线 TTS-40＃详勘钻孔的 H/V 曲线形态表现为双峰类型，反应该钻孔存在两个阻抗界面，F_1＝4.39 Hz 处的峰值推断对应埋深 20.5 m 的孤石，估算孤石上覆土层的平均剪切波速为 358 m/s，这与钻孔揭露的实际土层情况基本相符；推断峰值最大处 F_0 = 3.37 Hz对应微风化花岗岩顶面埋深 30.5 m，估算得到其上覆土层平均剪切波速为 411 m/s。

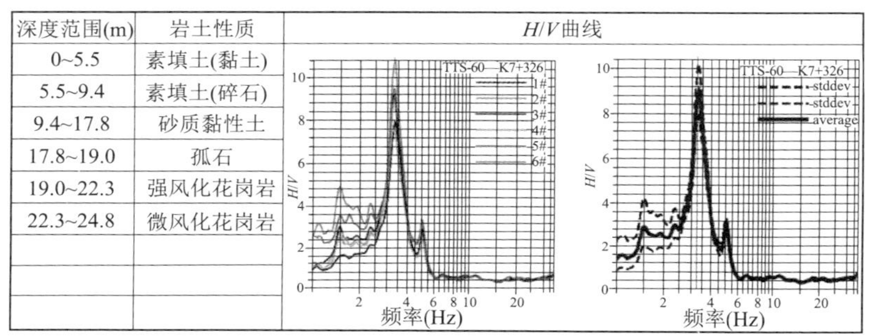

深度范围(m)	岩土性质	H/V曲线
0~5.5	素填土(黏土)	
5.5~9.4	素填土(碎石)	
9.4~17.8	砂质黏性土	
17.8~19.0	孤石	
19.0~22.3	强风化花岗岩	
22.3~24.8	微风化花岗岩	

图 3.5-4　TTS-60♯钻孔土层分布与对应的 H/V 曲线

右线 TTS-60♯详勘勘钻孔的 H/V 曲线形态表现为双峰类型，反映该钻孔存在两个阻抗界面，F_1 = 4.37 Hz 处的峰值推断对应埋深 17.8 m 的孤石，估算孤石上覆土层的平均剪切波速为 304 m/s，这与钻孔揭露的实际土层情况基本相符；推断峰值最大处 F_0 = 3.58 Hz对应微风化花岗岩顶面埋深 22.3 m，估算得到其上覆土层平均剪切波速为 319 m/s。

TTS-40♯、TTS-60♯两个试验点微动探测的 H/V 曲线特征与岩土层界面的对应关系见表 3.5-2。

表 3.5-2　*H/V* 曲线峰值频率与阻抗界面对应关系

钻孔号	孤石界面			微风化花岗岩界面		
	埋深(m)	F_1(Hz)	上覆土层平均剪切波速 V(m/s)	埋深(m)	F_0(Hz)	上覆土层平均剪切波速 V(m/s)
TTS-40♯	20.5	4.39	358	30.5	3.37	411
TTS-60♯	17.8	4.37	304	22.3	3.58	319

2. 基岩浅埋型 H/V 曲线特征

右线 TSBKK-62＃补勘钻孔揭露基岩突起侵入隧道洞身约1.0 m，对应的 H/V 曲线呈尖单峰形态，如图 3.5－5 所示。峰值对应的频率较大，表明阻抗比大的界面埋深较浅；推断峰值最大处 F_0＝4.97 Hz对应中风化花岗岩顶面埋深 16.0 m，估算得到其上覆土层平均剪切波速为 318 m/s。

测试里程段隧道底板深度为 13.3～19.3 m，综合测线附近钻孔资料对比分析，当 H/V 曲线主频峰值频率 F_0＞4.5 Hz 时就可能存在基岩突起现象。

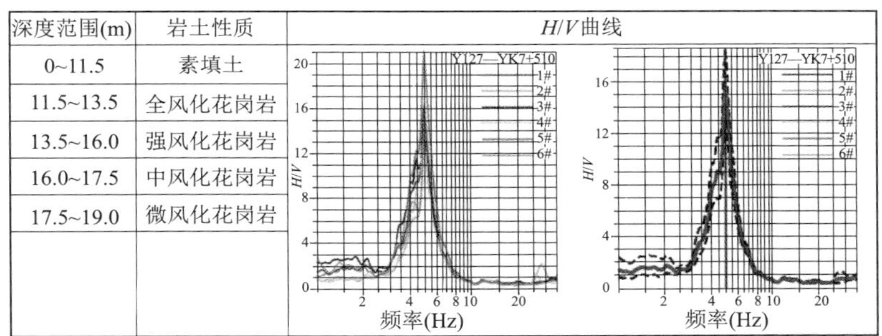

深度范围(m)	岩土性质	H/V曲线
0~11.5	素填土	
11.5~13.5	全风化花岗岩	
13.5~16.0	强风化花岗岩	
16.0~17.5	中风化花岗岩	
17.5~19.0	微风化花岗岩	

图 3.5－5　TSBKK-62＃钻孔土层分布与对应的 H/V 曲线

3. 基岩深埋型 H/V 曲线特征(图 3.5－6)

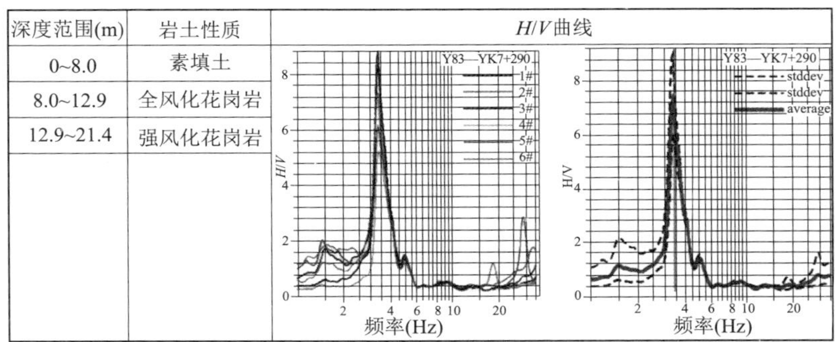

深度范围(m)	岩土性质	H/V曲线
0~8.0	素填土	
8.0~12.9	全风化花岗岩	
12.9~21.4	强风化花岗岩	

图 3.5－6　TSBKK-41＃钻孔土层分布与对应的 H/V 曲线

右线 TSBKK－41＃补勘钻孔揭露基岩埋深大于 21.4 m，对应的 H/V 曲线呈尖单峰形态。峰值对应的频率较小，表明阻抗比大的界面埋深较大；推断峰值最大处 $F_0=3.40$ Hz 对应埋深 21.5 m 以下的基岩顶面。综合微动探测结果与钻孔资料分析，当 H/V 曲线主频峰值频率 $F_0<3.8$ Hz 时，基岩埋深一般超过 20 m。

以上 H/V 曲线的几种形态特征及它们对应的土层分布情况可以为测试成果的分析起到较好的指导作用。

4. 试验孔资料解读及微动探测验证效果

(1)根据补勘钻孔剖面资料，本次测试区内地层从上而下分别为素填土(碎石)、粉质黏土、砾质黏性土、全风化花岗岩、强风化花岗岩、中～微风化花岗岩等。

(2)反映隧道埋深范围内波阻抗异常的频率范围的估算。

桃深区间右线 YK6＋850～YK7＋750 区段：

上覆土层：素填土(碎石)、粉质黏土、砾质黏性土、全风化花岗岩及强风化花岗岩等，主要以素填土(碎石)、砾质黏性土为主。

洞身土层：素填土(碎石)、砂质黏性土、全风化花岗岩、强风化花岗岩、中～微风化岩(基岩突起)，主要以全风化花岗岩、强风化花岗岩主。

估计上覆土层的加权剪切波速度范围 200～350 m/s，隧道底板埋深为 13.3～19.3 m，顶板埋深 7.0～13.0 m。根据公式计算和钻孔测试成果，估计 H/V 曲线中反映隧道埋深范围内波阻抗异常的频率范围为 3.8～8.8 Hz。

(3)用微动探测孤石的难点在于不知道孤石的尺度有多大，孤石尺度越大反映效果越好；隧道埋深对应的频率区间的异常除了可能由不同尺度的孤石引起外，还有可能是该深度范围内有土层层位变化或土体风化不均匀引起的。

(4)台阵的频散曲线反映的是各测点台阵下方包围的圆柱体的平均速度。

(5)孤石的分析推断综合考虑 H/V 曲线异常和反演S波速度剖面图。

3.6　孤石与基岩微动探测方案及数据解译结果

3.6.1　盾构区间孤石探测方案

桃深区间右线微动探测的观测系统采用五边形阵列，如图3.6-1所示，每个圆形阵列由放置于五角形顶点和中心点的6个摆和数据采集系统组成。根据现场场地条件的不同，分别采用了2 m、2.5 m两种不同半径的台阵进行观测。以5 m点距逐点进行，以形成二维剖面观测。

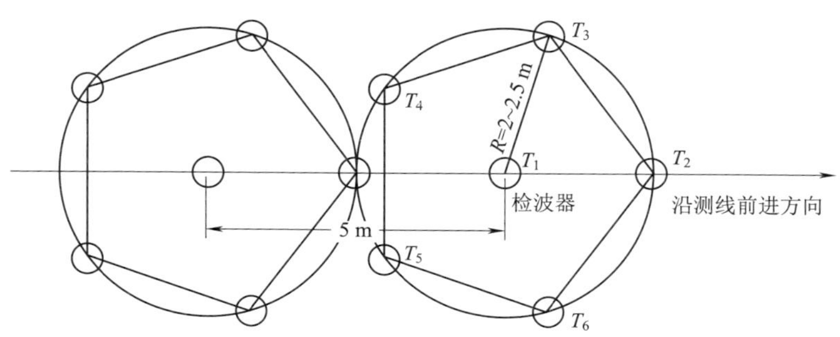

图3.6-1　微动圆形台阵观测系统示意图

3.6.2　孤石微动探测数据及信号解译

(1)桃深区间右线(YDK6+850～YDK7+000)结果分析

如图3.6-2与图3.6-3所示，隧道底板埋深16.5～16.9 m，顶板埋深10.2～10.6 m。补勘钻孔揭露：洞身顶板上覆土层主要为素填土、砾质黏性土、全风化花岗岩等，洞身范围内岩土层主要为砂质黏性土、全风化花岗岩、强风化花岗岩、中(微)风化花岗岩。

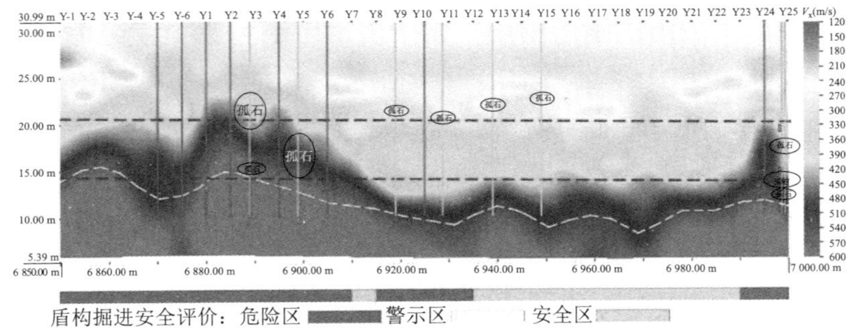

图 3.6-2　右线(YDK6+850～YDK7+000)视 S 波速度剖面图

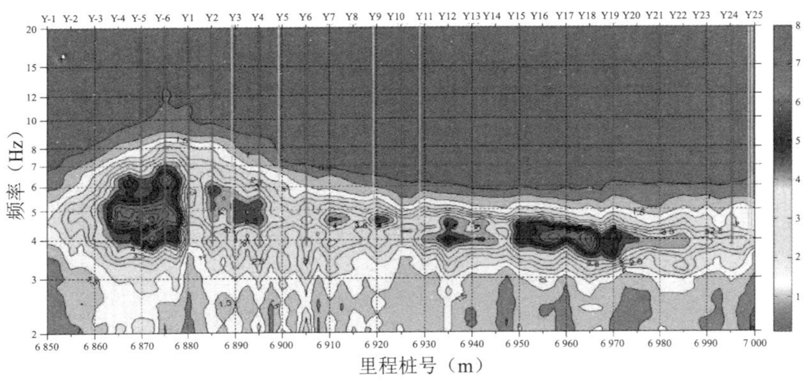

图 3.6-3　右线(YDK6+860～YDK7+000)H/V 等值线图

① YDK6+850～YDK6+910 段洞身范围存在明显高速异常，H/V曲线多以前台阶或双峰形态呈现，峰值频率高。推断该段基岩埋深浅，局部基岩侵入到洞身底部；在 YDK6+865～YDK6+905 段可能存在孤石或孤石群，建议在 Y-5、Y-6、Y1、Y2、Y4、Y6 处布置验证钻孔(钻孔深度 17 m)，进一步确认孤石群的分布位置与规模。该段盾构安全评价为危险区。

② YDK6+910～YDK6+990 段洞身范围内存在多处小高速异常，H/V 曲线多以后台阶或单峰形态呈现，局部呈双峰形态，峰值频

率变低。推断该段基岩埋深变浅，位于洞身底板之下；在 YDK6＋920～YDK6＋930 段的高速异常推断为孤石或不均匀风化体，建议在 Y10 处布置验证钻孔，钻孔深度 18 m。该里程段中 YDK6＋915～YDK6＋935 段盾构安全评价为危险区，其他路段为安全区。

③ YDK6＋990～YDK7＋000 段洞身存在明显高速异常，曲线多呈前台阶形态，峰值频率不高。推断该段基岩位于洞身底板之下；在 YDK6＋995～YDK7＋000 附近可能存在孤石，建议在 Y24 处布置验证钻孔，钻孔深度 18 m，盾构安全评价为危险区。

综上所述，桃深区间右线（YDK6＋850～YDK7＋000）微动探测分析推断成果见表 3.6－1。

表 3.6－1　右线（YDK6＋850～YDK7＋000）分析推断成果

里程段	视 S 波速度剖面特征	*H*/*V* 等值线图特征	洞身范围推断结果	盾构安全评价	建议钻孔位置
YDK6＋850～YDK6＋910	高速异常规模大	前台阶或双峰	孤石群或基岩突起	危险区	Y-5、Y-6、Y1、Y2、Y4 及 Y6
YDK6＋910～YDK6＋915	无高速异常	后台阶	存在孤石可能性小	安全区	
YDK6＋915～YDK6＋935	高速异常	后台阶或双峰	孤石	危险区	Y10
YDK6＋935～YDK6＋990	小高速异常	双峰或单峰	存在孤石可能性小	安全区	
YDK6＋990～YDK7＋000	高速异常	前台阶或双峰	孤石	危险区	Y24

(2)右线（YDK7＋000～YDK7＋200）结果分析

右线（YDK7＋000～YDK7＋200）视 S 波速度剖面图与 *H*/*V* 等值线图如图 3.6－4 与图 3.6－5 所示，隧道底板埋深 16.9～19.3 m，

顶板埋深 10.3～13.0 m。补勘钻孔揭露：洞身顶板上覆土层主要为素填土、砾质黏性土、全风化花岗岩、强风化花岗岩等，洞身范围内土层主要为砂质黏性土、全风化花岗岩、强风化花岗岩、中（微）风化花岗岩。

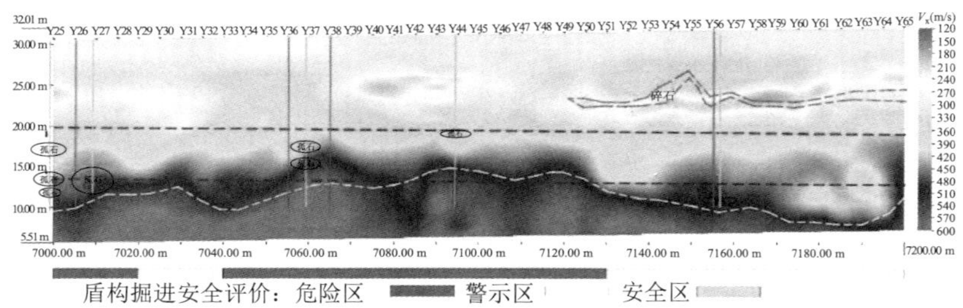

图 3.6－4　右线（YDK7＋000～YDK7＋200）视 S 波速度剖面图

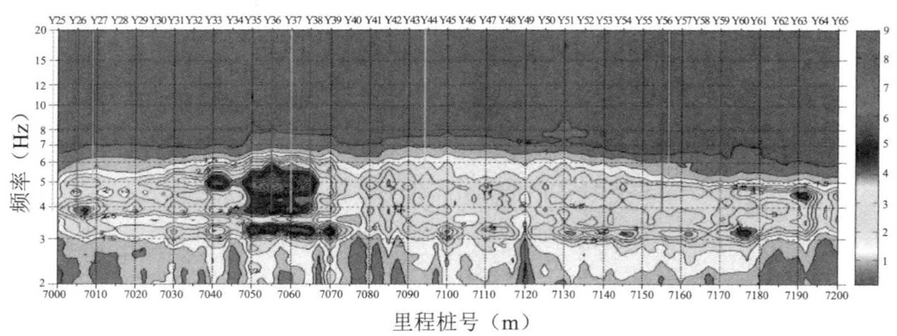

图 3.6－5　右线（YDK7＋000～YDK7＋200）H/V 等值线图

①YDK7＋000～YDK7＋040 段洞身中下部速度偏大，H/V 曲线多呈多峰形态，峰值频率较大。推断该段基岩埋深较浅，基岩面位于洞身底板附近，局部可能侵入洞身底，在 YDK7＋000～YDK7＋020 附近可能存在孤石或基岩突起，建议在 Y26 处布置验证钻孔，钻孔深度 18 m。YDK7＋000～YDK7＋020 与 YDK7＋020～YDK7＋040 盾构安全评价分别为危险区与警示区。

② YDK7＋040～YDK7＋130 段洞身范围存在明显高速异常，

H/V曲线多以多峰或双峰形态呈现，峰值频率大。推断该段基岩突起，大部分路段侵入洞身中下部；在 YDK7＋040～YDK7＋065 段可能存在孤石或孤石群，建议在 Y36、Y38 处布置验证钻孔，钻孔深度 19 m。该段盾构安全评价为危险区。

③ YDK7＋130～YDK7＋200 段洞身范围内岩土层速度明显偏高，H/V 曲线多呈双峰形态，峰值频率变低。推断该段基岩埋深较大，位于洞身底板之下；高速异常可能为孤石或不均匀风化体。该段盾构安全评价分别为警示区。

综上所述，桃深区间右线（YDK7＋000～YDK7＋200）微动探测分析推断成果见表 3.6－2。

表 3.6－2　右线（YDK7＋000～YDK7＋200）分析推断成果

里程段	视 S 波速度剖面特征	H/V 等值线图特征	洞身范围推断结果	盾构安全评价	建议钻孔位置
YDK7＋000～YDK7＋020	高速异常	多峰	孤石或基岩突起	危险区	Y26
YDK7＋020～YDK7＋040	高速异常	多峰	不均匀风化体或孤石	警示区	
YDK7＋040～YDK7＋130	高速异常	多峰或双峰	孤石或基岩突起	危险区	Y36、Y38
YDK7＋130～YDK7＋200	高速异常	双峰	不均匀风化体或孤石	警示区	Y56

(3)右线（YDK7＋200～YDK7＋400）结果分析

右线（YDK7＋200～YDK7＋400）视 S 波速度剖面图与 H/V 等值线图如图 3.6－6 与图 3.6－7 所示，隧道底板埋深 18.5～19.3 m，顶板埋深 12.2～13.0 m。补勘钻孔揭露：隧洞顶板上覆土层主要为素填土、砂质黏性土、全风化花岗岩及强风化花岗岩等，洞身范围内土层主要为全风化花岗岩、强风化花岗岩。

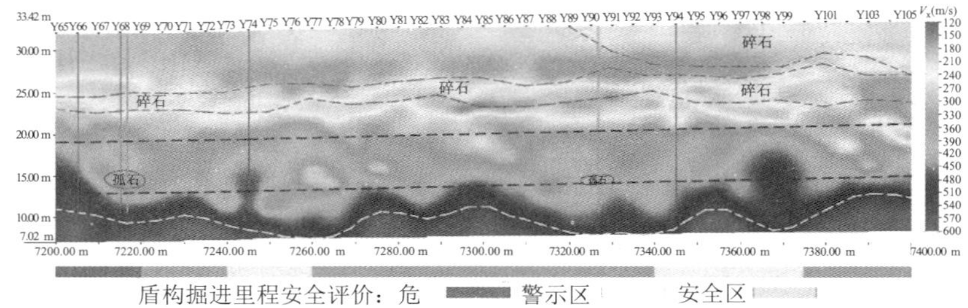

图 3.6-6 右线(YDK7+200～YDK7+400)视S波速度剖面图

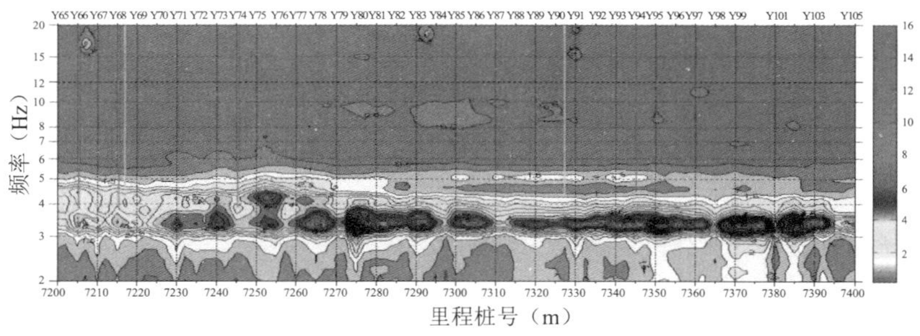

图 3.6-7 右线(YDK7+200～YDK7+400)H/V等值线图

①YDK7+200～YDK7+260段洞身范围存在多处高速异常，H/V曲线呈双峰或前台阶形态，峰值频率较低。推断该段基岩埋深较大，基本位于隧洞底板之下；在YDK7+200～YDK7+220段与YDK7+240～YDK7+260段可能存在孤石或不均匀风化体，建议在Y66、Y68及Y74处布置验证钻孔，钻孔深度20 m。YDK7+200～YDK7+220、YDK7+220～YDK7+240及YDK7+240～YDK7+260三段盾构安全评价分别为危险区、安全区及警示区。

②YDK7+260～YDK7+400段洞身范围存在多处高速异常，H/V曲线多以多峰或前台阶形态呈现，峰值频率较低。推断该段基岩埋深较大，基岩位于洞身底板之下；在YDK7+340～YDK7+375段可能存在孤石或不均匀风化体，建议在Y94处布置验证钻孔，钻孔深度20 m。该里程段除YDK7+340～YDK7+375盾构安全评

价为警示区外,其他路段均为安全区。

综上所述,桃深区间右线(YDK7＋200～YDK7＋400)微动探测分析推断成果见表3.6－3。

表3.6－3　右线(YDK7＋200～YDK7＋400)分析推断成果

里程段	视S波速度剖面特征	H/V等值线图特征	洞身范围推断结果	盾构安全评价	建议钻孔位置
YDK7＋200～YDK7＋220	高速异常	双峰	不均匀风化体或孤石	危险区	Y66、Y68
YDK7＋220～YDK7＋240	无高速异常	双峰、前台阶	存在孤石可能性小	安全区	
YDK7＋240～YDK7＋260	高速异常	双峰、前台阶	不均匀风化体或孤石	警示区	Y74
YDK7＋260～YDK7＋340	小高速异常	前台阶	存在孤石可能性小	安全区	
YDK7＋340～YDK7＋375	高速异常	前台阶	不均匀风化体或孤石	警示区	Y94
YDK7＋375～YDK7＋400	无高速异常	前台阶	存在孤石可能性小	安全区	

(4)右线(YDK7＋400～YDK7＋600)结果分析

右线(YDK7＋400～YDK7＋600)视S波速度剖面图与H/V等值线图如图3.6－8与图3.6－9所示,隧道底板埋深15.4～18.5 m,顶板埋深9.1～12.2 m。补勘钻孔揭露:隧洞顶板上覆土层主要为素填土(碎石)、砂质黏性土、全风化花岗岩等,洞身范围内土层主要为素填土(碎石)、砂质黏性土、全风化花岗岩、强风化花岗岩、中～微风化花岗岩(基岩突起)。

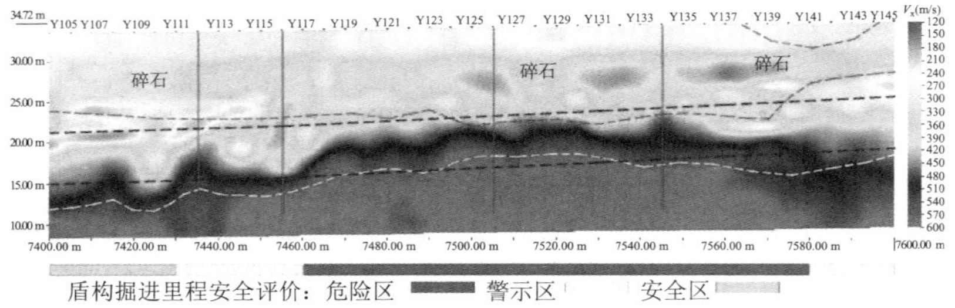

图 3.6-8　右线(YDK7+400～YDK7+600)段视 S 波速度剖面图

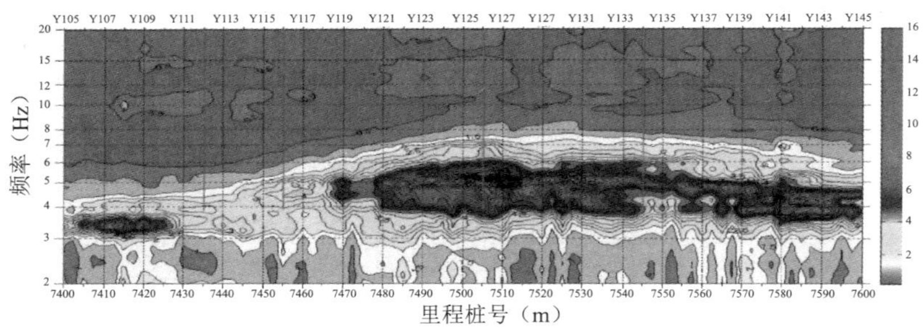

图 3.6-9　右线(YDK7+400～YDK7+600)段 H/V 等值线图

①YDK7+400～YDK7+460 段洞身范围内存在高速异常，H/V曲线多以前台阶形态呈现，峰值频率逐渐变大。推断该段基岩埋深变浅，局部位置可能侵入洞身底部；在 YDK7+435 与 YDK7+455 附近可能存在孤石或不均匀风化体，建议在 Y112 与 Y116 处布置验证钻孔，钻孔深度 20 m。YDK7+400～YDK7+430 段与 YDK7+430～YDK7+460 段盾构安全评价分别为安全区与警示区。

②YDK7+460～YDK7+600 段洞身范围及其顶板上部存在明显高速异常，H/V 曲线多以前台阶或双峰形态呈现，峰值频率大。推断该段基岩埋深浅，大部分位置侵入洞身中下部；隧道顶板上部高速异常为碎石层(素填土主要成分)，其中 YDK7+470～YDK7+575 段碎石层侵入洞身上部，其下部基岩突起侵入洞身，隧道断面具有“中间软上下硬”的特征，盾构施工难度大风险高；在 YDK7+505

与 YDK7＋545 附近可能存在孤石或基岩突起，建议在 Y126 与 Y134 处布置钻孔，钻孔深度 19 m。YDK7＋460～YDK7＋580 段与 YDK7＋580～YDK7＋600 段盾构安全评价分别为危险区与警示区。

综上所述，桃深区间右线(YDK7＋400～YDK7＋600)微动探测分析推断成果见表 3.6－4。

表 3.6－4　右线(YDK7＋400～YDK7＋600)分析推断成果

里程段	视 S 波速度剖面特征	*H/V* 等值线图特征	洞身范围推断结果	盾构安全评价	建议钻孔位置
YDK7＋400～YDK7＋430	小高速异常	前台阶或双峰	存在孤石可能性小	安全区	
YDK7＋430～YDK7＋460	高速异常	前台阶或双峰	可能存在孤石或基岩突起	警示区	Y112、Y116
YDK7＋460～YDK7＋580	高速异常规模大	前台阶或双峰	基岩突起或孤石	危险区	Y126、Y134
YDK7＋580～YDK7＋600	高速异常	双峰	可能存在基岩突起或孤石	警示区	

(5)右线(YDK7＋600～YDK7＋750)结果分析

如图 3.6－10 与图 3.6－11 所示，隧道底板埋深 13.3～15.4 m，顶板埋深 7.0～8.1 m。补勘钻孔揭露：隧洞顶板上覆土层主要为素填土、砂质黏性土、全风化花岗岩及强风化花岗岩等，洞身范围内土层主要为砂质黏性土、全风化花岗岩、强风化花岗岩。

①YDK7＋600～YDK7＋645 段洞身范围存在多处高速异常，*H/V* 曲线多以后台阶或双峰形态呈现，峰值频率较大。推断该段基岩埋深较浅，但基本位于洞身底板之下；在 YDK7＋615、YDK7＋625 及 YDK7＋640 附近的高速异常推断为强风化花岗岩中的不均匀风化体。该段盾构安全评价为警示区。

②YDK7＋645～YDK7＋720 段洞身范围内存在明显高速异

常，H/V 曲线多以前台阶或双峰形态呈现，峰值频率大。推断该段基岩埋深浅，但基本位于洞身底板之下，局部可能侵入洞身底部；在 YDK7＋645～YDK7＋675 段可能孤石或基岩突起，建议在 Y156 与 Y158 两处布置验证钻孔，钻孔深度 15 m。YDK7＋645～YDK7＋675 段 YDK7＋675～YDK7＋720 段盾构安全评价分别为危险区与警示区。

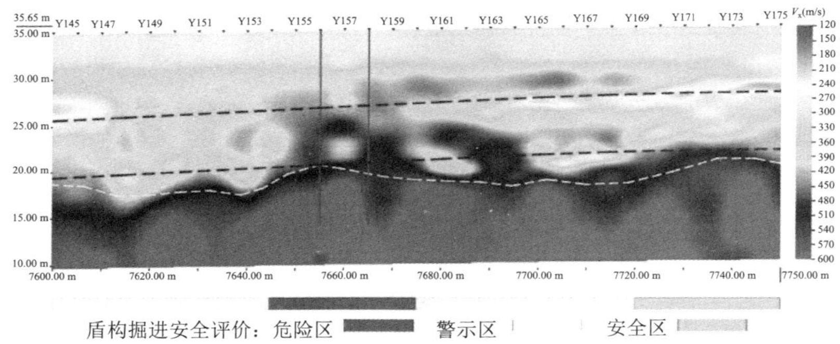

图 3.6－10　右线（YDK7＋600～YDK7＋750）视 S 波速度剖面图

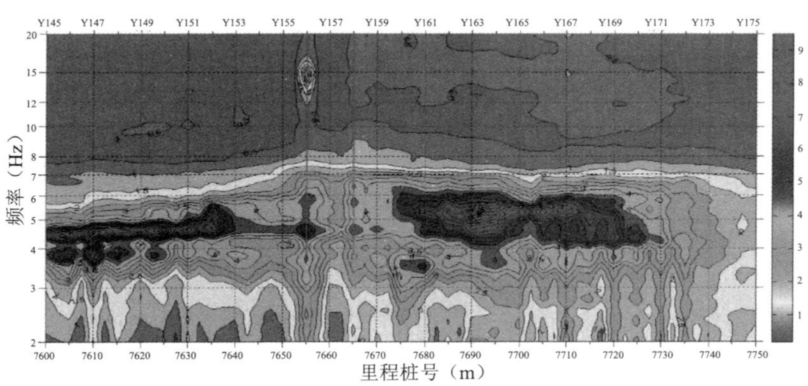

图 3.6－11　右线（YDK7＋600～YDK7＋750）段 H/V 等值线图

③YDK7＋720～YDK7＋750 段洞身范围存在无明显高速异常，H/V 曲线多以双峰形态呈现，峰值频率较大。推断该段基岩埋

深较浅，但基本位于洞身底板之下；且洞身范围内存在孤石的可能性小。因此，该段盾构安全评价为安全区。

综上所述，桃深区间右线（YDK7＋600～YDK7＋750）微动探测分析推断成果见表3.6－5。

表3.6－5 右线（YDK7＋600～YDK7＋750）分析推断成果表

里程段	视S波速度剖面特征	H/V 等值线图特征	洞身范围推断结果	盾构安全评价	建议钻孔位置
YDK7＋600～YDK7＋645	小高速异常	后台阶或双峰	不均匀风化体	警示区	
YDK7＋645～YDK7＋675	高速异常	双峰	基岩突起或孤石	危险区	Y156、Y158
YDK7＋675～YDK7＋720	高速异常	后台阶或双峰	不均匀风化体	警示区	
YDK7＋720～YDK7＋750	无明显高速异常	双峰	存在孤石可能性小	安全区	

3.6.3 孤石微动探测成果统计

综合5条微动探测剖面的分析推断成果进行汇总归纳，并对YDK6＋850～YDK7＋750段盾构掘进进行安全性分区，详见表3.6－6。

表3.6－6 YDK6＋850～YDK7＋750段盾构安全评价

序号	里程段	距离长度(m)	分析推断结果	盾构安全评价	建议钻孔位置
1	YDK6＋850～YDK6＋910	60	孤石群或基岩突起	危险区	Y-5、Y-6、Y1、Y2、Y4及Y6
2	YDK6＋910～YDK6＋915	5	存在孤石可能性小	安全区	

续上表

序号	里程段	距离长度（m）	分析推断结果	盾构安全评价	建议钻孔位置
3	YDK6＋915～YDK6＋935	20	孤石	危险区	Y10
4	YDK6＋935～YDK6＋990	55	存在孤石可能性小	安全区	
5	YDK6＋990～YDK7＋020	30	孤石或基岩突起	危险区	Y24、Y26
6	YDK7＋020～YDK7＋040	20	不均匀风化体或孤石	警示区	
7	YDK7＋040～YDK7＋130	90	孤石或基岩突起	危险区	Y36、Y38
8	YDK7＋130～YDK7＋200	70	不均匀风化体或孤石	警示区	Y56
9	YDK7＋200～YDK7＋220	20	孤石或不均匀风化体	危险区	Y66、Y68
10	YDK7＋220～YDK7＋240	20	存在孤石可能性小	安全区	
11	YDK7＋240～YDK7＋260	20	不均匀风化体或孤石	警示区	Y74
12	YDK7＋260～YDK7＋340	80	存在孤石可能性小	安全区	
13	YDK7＋340～YDK7＋375	35	不均匀风化体或孤石	警示区	Y94
14	YDK7＋375～YDK7＋430	55	存在孤石可能性小	安全区	

续上表

序号	里程段	距离长度（m）	分析推断结果	盾构安全评价	建议钻孔位置
15	YDK7＋430～YDK7＋460	30	可能存在孤石或基岩突起	警示区	Y112、Y116
16	YDK7＋460～YDK7＋580	120	基岩突起或孤石	危险区	Y126、Y134
17	YDK7＋580～YDK7＋600	20	可能存在基岩突起	警示区	
18	YDK7＋600～YDK7＋645	45	不均匀风化体	警示区	
19	YDK7＋645～YDK7＋675	30	基岩突起或孤石	危险区	Y156、Y158
20	YDK7＋675～YDK7＋720	45	不均匀风化体	警示区	
21	YDK7＋720～YDK7＋750	30	存在孤石可能性小	安全区	

3.7　钻孔取芯与微动探测结果对比分析

3.7.1　现场钻孔探测技术及验证钻孔实施方案

采用现场钻孔技术进行岩层的取芯，确定地层状况是最为传统的地质探测方法，在采用钻探方法进行孤石探测的施工中，一般在探测区范围内根据相关地质资料和其他信息在地表进行布网，在网点处进行钻孔作业。采用钻探方法进行孤石探测可用于验证已知资料和相关地球物理探测方法的准确性。现有各类主要钻进方法对地层适应性示意图如图 3.7-1 所示。

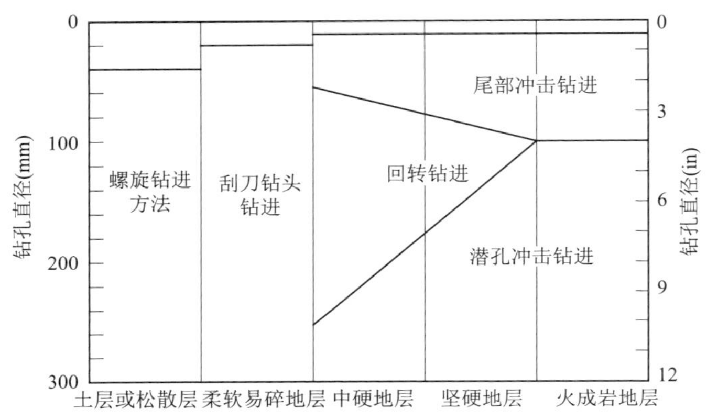

图 3.7-1　现有各类主要钻进方法对地层适应性示意图

现有的各类孤石探测方法中，采用物探方法虽能高效快速地进行大范围区域孤石探测任务，并且采用综合物探方法能够提高孤石探测的相对精度，但是由于采用地球物理探测方法受到其他因素的影响较大，且解释结果与物探人员的专业水平具有较大关联性，物探方法具有多解性等，导致采用物探方法进行孤石探测的准确性较低，该方法适用于大范围区域内孤石的初步确定。采用钻探方法对孤石进行探测时，能够精确获取空区的位置信息等。但由于其施工周期较长，施工成本较高，且采用钻探方法只能对该钻孔点位处进行有无孤石的论证，探测范围较小。采用钻探方法只适用于小范围内的孤石探测，可将现场钻孔探测与微动探测相结合的方法进行孤石探测，尤其对于盾构隧道孤石探测较为适用，以减少孤石探测的钻孔成本。

根据异常分析成果，现给出建议钻孔验证的具体点位及情况说明，详见表 3.7-1。

表 3.7－1　建议钻孔验证及预期验证目的

序号	钻孔点号	测试里程	对应隧道埋深范围(m)	要求钻孔深度(m)	验证目的
1	Y-5	YDK6＋870	10.4～16.7	17.0	孤石或基岩突起
2	Y-6	YDK6＋875	10.4～16.7	17.0	孤石或基岩突起
3	Y1	YDK6＋880	10.5～16.8	17.0	孤石或基岩突起
4	Y2	YDK6＋885	13.8～7.5	17.0	孤石或基岩突起
5	Y4	YDK6＋890	13.8～7.6	17.0	孤石或基岩突起
6	Y6	YDK6＋895	13.9～7.6	17.0	孤石或基岩突起
7	Y10	YDK6＋925	13.9～7.6	18.0	孤石或基岩突起
8	Y24	YDK6＋995	7.8～14.1	18.0	孤石或基岩突起
9	Y26	YDK7＋005	10.3～17.0	18.0	孤石
10	Y36	YDK7＋055	11.3～17.6	19.0	孤石
11	Y38	YDK7＋065	11.4～17.7	19.0	孤石
12	Y56	YDK7＋155	12.7～18.9	20.0	孤石或不均匀风化体

续上表

序号	钻孔点号	测试里程	对应隧道埋深范围(m)	要求钻孔深度(m)	验证目的
13	Y66	YDK7＋205	12.9～19.2	20.0	孤石或不均匀风化体
14	Y68	YDK7＋215	13.0～19.3	20.0	孤石或不均匀风化体
15	Y74	YDK7＋245	12.9～19.2	20.0	孤石或不均匀风化体
16	Y94	YDK7＋345	12.5～18.8	19.0	孤石或不均匀风化体
17	Y112	YDK7＋435	11.8～18.1	19.0	孤石或不均匀风化体
18	Y116	YDK7＋455	11.6～17.9	19.0	孤石或不均匀风化体
19	Y126	YDK7＋505	10.9～17.1	18.5	孤石或基岩突起
20	Y134	YDK7＋545	10.1～16.4	18.0	孤石或基岩突起
21	Y156	YDK7＋655	8.1～14.4	16.0	孤石及基岩突起
22	Y158	YDK7＋665	8.0～14.2	16.0	孤石及基岩突起

所有验证钻孔全程取芯，钻孔后须拍摄岩芯照片，并及时反馈。研究者再根据验证情况进行详细分析对比，并建议下一步钻孔施工方案。通过钻孔验证评价并提供相应的验证资料，再根据验证情况进行详细分析对比，判断孤石与基岩突起的影响因素，分析孤石对盾构掘进的可能影响。

3.7.2　微动探测成果与现场钻孔取芯对比

物探异常初步解释成果是参考偏离测线外 6 m 的详勘钻孔资料条件下产生的，为了检验初步解释成果的效果，把物探异常初步解释成果与补勘钻孔资料比对情况绘制成表，详见表 3.7－2。

表 3.7－2　物探异常初步解释结果与补勘钻孔资料比对

序号	物探异常里程桩号	推断解释说明	补勘钻孔揭示情况	建议钻孔位置
1	YDK6＋865～＋905	孤石或孤石群	TSBKK01 与 TSBKK02 已证实洞身存在大孤石	Y-5、Y-6、Y1、Y2、Y4 及 Y6
2	YDK6＋920～＋930	孤石或风化体	TSBKK04 与 TSBKK05 已证实洞身存在孤石	Y10
3	YDK6＋965～＋975	孤石或风化体	TSBKK05 揭示为风化体	
4	YDK6＋990～YDK7＋020	孤石	TSBKK12 与 TSBKK13 已证实洞身存在孤石	Y24 与 Y26
5	YDK7＋035～＋065	孤石或孤石群	TSBKK18 已证实洞身存在孤石	Y36 与 Y38
6	YDK7＋065～＋160	基岩突起或孤石	TSBKK19～TSBKK24 与加 1～加 4 已证实基岩突起，其中加 3 证实有孤石	Y56
7	YDK7＋185～＋220	孤石或风化体	TSBKK31 与 TSBKK32 揭示为风化体	Y68
8	YDK7＋240～＋260	孤石或风化体		Y74 与 Y76
9	YDK7＋320	孤石或风化体	TSBKK44 揭示为风化体	
10	YDK7＋345	孤石或风化体		Y94
11	YDK7＋370	孤石或风化体	TSBKK49 揭示为风化体	

续上表

序号	物探异常里程桩号	推断解释说明	补勘钻孔揭示情况	建议钻孔位置
12	YDK7+435	孤石或风化体		Y112
13	YDK7+455	孤石或风化体		Y116
14	YDK7+500	基岩突起或孤石	TSBKK61 揭示为基岩突起	
15	YDK7+545	基岩突起或孤石		Y134
16	YDK7+580	基岩突起或孤石	TSBKK69 揭示为风化体	
17	YDK7+640	孤石或风化体	TSBKK75 揭示为风化体	
18	YDK7+655	孤石或风化体		Y156
19	YDK7+665	孤石或风化体		Y158
20	YDK7+690	孤石或风化体	TSBKK80 揭示为风化体	
21	YDK7+715	孤石或风化体		

为验证解译成果准确性，对该里程位置布置加密补勘孔 JMBK-TS-2 进行钻探取芯。取芯岩样，如图 3.7－2 所示；钻孔柱状图如图 3.7－3所示。

图 3.7－2　钻探取芯岩样

地质时代	层底深度(m)	柱状图	岩土描述
Q_4^{ml}①$_1$	8		素填土：褐红、褐黄色，由花岗岩残积土及风化层回填而成，混砂砾，结构松散
Q_4^{ml}①$_2$	10.5		素填土：青灰色，稍密，主要成分为碎石，含量约70%，块径3～7 cm，充填物为砂及黏粒
$\gamma_5^3$⑧$_1$	12.3	W4	微～中风化花岗岩孤石：灰白夹肉红色，裂隙较发育，岩芯多呈短柱状，节长5～20 cm，少呈块状，块径2～5 cm
$\gamma_5^3$⑧$_2$	15.7	W3	强风化花岗岩：黄褐色，岩芯呈半土半岩状
$\gamma_5^3$⑧$_3$	19.5	W2	中风化花岗岩：肉红夹灰白色，节理裂隙发育，裂隙面铁染明显，岩芯呈块状、短柱状，块径2～5 cm

图 3.7－3　JMBK-TS-2 钻孔柱状图

钻探取芯结果图 3.7－2 显示，钻孔 JMBK-TS-2 深 19.5 m，在第三箱岩芯(10.5 m 处)出现微～中风化花岗岩孤石，孤石竖向高度 1.8 m。钻孔柱状图 3.7－3 显示，0～8 m 为素填土，呈褐红、褐黄色，由花岗岩残积土及风化层回填而成，混砂砾，结构松散；8～10.5 m为素填土，青灰色，稍密，主要成分为碎石，含量约 70%，块径 3～7 cm，充填物为砂及黏粒：10.5～12.3 m 为微～中风化花岗岩孤石，灰白夹肉红色，裂隙较发育，岩芯多呈短柱状，节长 5～20 cm，少呈块状，块径 2～5 cm；12.3～15.7 m 为强风化花岗岩，黄褐色，岩芯呈半土半岩状；15.7～19.5 m 为中风化花岗岩，肉红夹灰白色，节理裂隙发育，裂隙面铁染明显，岩芯呈块状、短柱状，块径 2～5 cm，节长 8～25 cm。补勘岩芯、钻孔柱状图结果分析表明，微动探测孤石位置基本准确，仅探测孤石大小与实际有一定的差别，验证了微动探测孤石方法的准确性、可行性。

从对比结果可看出，在 YDK6＋850～YDK7＋000 段，物探异常判断孤石的准确率高达 80％，随着里程的增大，准确率有所降低。综合补勘钻孔资料分析，总结原因如下：

① 孤石主要分布在 YDK6＋850～YDK7＋200 段，YDK7＋200～YDK7＋750 段分布很少。

② 初步解释时只能参考偏离测线 6 m 外的详勘钻孔资料，造成判断标准有误。

③ YDK7＋200～YDK7＋750 段随着表层碎石层的不断变厚与强风化花岗岩埋深逐渐变浅，从而引起洞身范围内高速异常变多，给物探解释增加了难度。

3.8 小　　结

(1)提出了微动探测与加密地质补勘钻探相结合的地铁隧道盾构孤石探测方法，并成功应用于深圳地铁 7 号线盾构施工之中，取得了很好的效果。采用微动探测判断“孤石”准确率高达 80％。采用微动探测与钻探结合的综合精密探测方法能够较好地探测盾构隧道区间的孤石状态，为盾构隧道基岩的精细化探测提供了一种全新的、准确的、科学合理的指导。

(2)通过二维微动剖面技术，利用两条微动视 S 波速度剖面，对视 S 波速度剖面进行了岩性解释，圈出隧道洞身内存在的孤石，清晰显示各岩性层的起伏形态。结合钻探结果标定，较好地对地层中孤石状态实现了精准探测，效果良好。

(3)微动探测在交通繁忙、建筑物密集的闹市区等地质信息盲区具有突出的优点。微动探测对周围环境没有破坏，可在夜间进行，探测速度可达 200 m/d，是一种经济、高效的地球物理探测手段。能有效排除地铁盾构施工风险，为提前采取孤石预处理措施和盾构维保，改善盾构掘进状态提供了科学的技术保障，具有重要的经济效益和工程价值。

第4章　孤石处理技术研究

4.1　国内外孤石处理概述

4.1.1　盾构过孤石段施工风险及预处理必要性

在盾构隧道施工过程中，盾构过孤石段的主要问题有如下几个方面：盾构掘进困难并频繁卡刀盘；盾构姿态难以控制；刀具磨损非常严重、刀座变形、更换困难；刀盘磨耗导致刀盘强度和刚度降低，刀盘变形；刀盘受力不均匀导致主轴承受损或主轴承密封被破坏，刀盘堵塞开口率降低，盾构负载加大；被刀盘推向隧道侧面的大漂石甚至导致盾构转向，偏离隧道轴线；掘进振动大，对保护地面建筑物不利等。所以，盾构过孤石段的施工风险主要有以下几个方面：

(1)由于孤石单轴抗压强度非常高，与四周风化碎屑强度差异较大，在刀盘切削时，孤石将发生滚动，很难被刀具破碎，掘进效率低下，极易造成刀具过载，甚至严重损坏刀盘结构。

(2)由于盾构掘进时孤石在地层内随机滚动，极易造成刀盘偏载，盾构姿态难以控制。

(3)在此条件下掘进，刀具贯入度极低，掘进过程对周边土体扰动大，容易造成地层沉降超标，甚至危及周边建(构)筑物安全。

(4)由于孤石周围强风化和全风化地层的稳定性差，遇水极易软化崩解，且其渗透性因风化程度的差异极不均匀，更换刀具时往往需要采取非常规手段，效率低且安全保障性差。

总之，盾构掘进中遇见孤石问题时，普遍都是刀具磨损严重，被迫频繁换刀具，工程成本大大增加。如果盾构强行掘进，往往会增加对地层的扰动，加重地表沉降值，严重时有可能造成进一步的工程事故，如地陷、坍塌等。为了保障盾构在过孤石地层时盾构刀盘刀具的安全可靠和施工的顺利进行，避免地陷、坍塌等重大安全事故的发生，减少施工的成本，必须采用合理的方法在盾构到达之前对所遇到的球状风化体（孤石）进行预处理，确保盾构顺利通过孤石地层。

4.1.2　国内外孤石处理技术

在国内，盾构法应用初期首先从上海开始，上海地区相应地层多为软土淤泥质地层，施工中未遇到孤石处理问题。在广州市地铁 3 号线采用盾构法施工过程中，在花岗岩残积地层中遇见球状微风化花岗岩，市桥—番禺、天河客运站—华南师范大学盾构区间隧道花岗岩及球状花岗岩地层的岩石强度均超过 160 MPa，是广州地铁盾构施工所遇到的最硬岩石。北京地铁 5 号线在建设中首次采用盾构法施工，随后在 9 号线白堆子—军事博物馆区间盾构施工中遇到直径 600～1 500 mm 的孤石，如图 4.1－1 所示。深圳地铁 1 号线续建工程鲤鱼门—桃园区间，盾构掘进至月亮大道下方时，遭遇大块的人工抛石。广州地铁 3 号线北延段南方医院站—同和站盾构区间遇到直径近 3 m 的孤石群，并且处于医院门诊大楼旁边，此孤石群在勘察阶段并没有被发现，施工时通过补勘才探明位置，如图 4.1－2 所示。

图 4.1－1　北京地铁 9 号线孤石（长 1.35 m，约 90 MPa）

图 4.1－2　广州地铁 3 号线孤石（长 5 m，约 110 MPa）

就国内地铁盾构隧道来讲，已遇到孤石的工程多在广州、深圳、成都、北京等地。孤石的生成呈现地域性特征,分布呈现随机性特征;孤石的存在往往与所处城市的地质演化过程紧密相关,还与工程项目所在地的工程地质环境紧密相关。然而,把单个工程孤立起来看,其个体存在概率随机分布的特征,即孤石的大小、存在位置呈现离散性,在现有勘察技术和经济条件限制下,很难探明孤石分布的具体情况。经过多个地区和项目的实施,国内对孤石处理的总体思路首先是通过必要的手段进行详细勘探,查清其分布的具体位置、形状和大小,再根据地面条件和地层条件决定处理方法。但无论采用何种方法进行勘探,都具有一定的不确定性,都可能产生漏判,所以在孤石地层中掘进,盾构必须具备相应的破岩能力。针对孤石对盾构掘进危害的类型,国内外在工程中常用的孤石处理方法:

(1)盾构直接破除孤石。这需要满足两个条件:一是盾构及刀具必须具备足够的破岩能力;二是在切削过程中,孤石必须处于固定状态。若要直接破除,一般情况下需提前采用注浆或冷冻等措施固定孤石,然后破除。

(2)地面预处理破除孤石。通常有地面冲孔、地下深孔爆破以及人工挖孔破碎或者液压劈裂机法等措施。以上几种采用地面预处理破除孤石的方法,一般对场地要求较高,地面具备冲孔、钻孔和挖孔的条件,而且对周围环境有不同程度的破坏,对孤石进行破除后要对开挖的孔径进行回填,防止盾构掘进时出现漏气、冒浆情况,采用地面冲孔和地下深孔爆破还会产生噪声和振动,对地层有一定的干扰,同时施工成本较高。

(3)洞内人工破除。采用静态爆破、定向爆破和岩石分裂机等设备破除,通常需要对土体进行加固或者采用气压作业的方式,此种方法由于要人工进舱处理,静态爆破和定向爆破对盾构设备和地层产生一定的干扰,岩石分裂机可以在空间较小的条件下实施作业,但是孤石破碎效率低,由于人工进舱存在较大的施工风险,洞内人工破除方法不能作为孤石处理的常规手段。

此外，在国外开发出新型的机械装备对孤石进行处理，新型施工机械和工艺工法在不断涌现。例如，日本车辆制造株式会社(Nippon Sharyo Ltd.)开发研制的桩工机械非常适合盾构孤石的处理，其工艺原理如图 4.1－3 所示。此类工程机械采用高强度、大刚度的套管钻进，可以直接切除破碎单轴抗压强度为 127～206 MPa 的岩石和巨砾石，在砂砾、软岩层内最高挖掘深度可达 62 m，垂直挖掘精度可以达到 1/500。对于套管内的岩石可以用机具夹出，也可以用落锤破碎，待孤石处理完毕后，回填孔洞即可。此类工法适应性强，施工快捷有效，场地占用率适中，约需 300 m^2 场地即可，但工程机械费用较高。

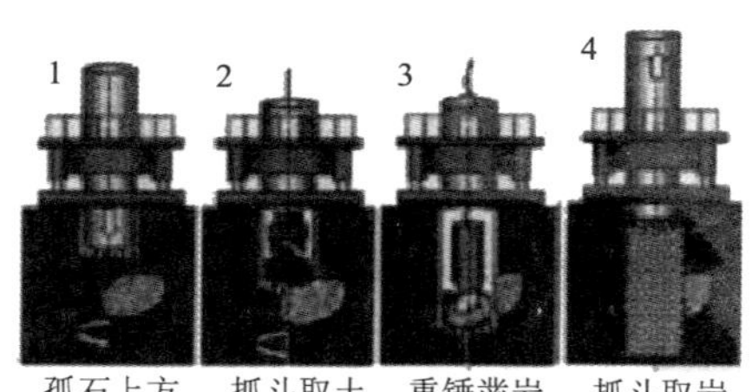

图 4.1－3　桩工机械孤石破除典型操作流程

常见的孤石处理方法及其优缺点见表 4.1。

表 4.1　常见的孤石与侵入基岩处理方法及其优缺点

孤石处理方法		优　点	缺　点
盾构机掘进破除孤石	地面注浆加固地层后盾构机推进	①采用袖阀管从地面对孤石附近地层进行注浆加固，工艺简单易操作，且注浆效果好； ②工艺比较成熟，可借鉴的经验比较丰富；若地层加固效果好，则可以借机进行换刀	①费用较大，对数量较多且遍布线路的孤石在经济上不划算； ②地表需要有围挡施工的作业条件； ③对环境干扰大，掘进时速度较慢，对地层有较大的扰动

续上表

孤石处理方法		优　点	缺　点
盾构机掘进破除孤石	通过超前注浆后盾构机推进	①对地表施工条件无要求，适用于地面没有围挡条件、地质注浆条件稍好、不易坍塌的破碎地层，地面影响小； ②盾构施工速度较快，工期较短，成本也较低； ③噪声小，对环境干扰小	①注浆范围和注浆质量不易控制，存在一定的施工风险，安全性较差； ②地面沉降控制困难，对地层有影响
	盾构机直接推进通过孤石	①不需要占地，地面限制条件少； ②适用于体积较大型的孤石，且孤石与刀盘接触面较大的情况； ③可节约处理孤石的时间和成本	①盾构机推进的速度很慢，对地层的扰动很大，且容易产生较大的地层沉降现象； ②盾构机轴线有可能偏离隧道设计轴线，甚至有盾构机螺旋被卡住的风险
地面预处理破除孤石	地面钻孔爆破法	①需具备地表施工条件，成本较低； ②适应范围广，可适应不同埋深的孤石； ③方便灵活，可根据孤石的形状、大小来具体确定爆破孔的孔径、深度和装药量，对厚度较大的孤石，可实施分层爆破确保对孤石的爆破效果； ④盾构施工速度快，安全性高	①周期时间较长； ②不适宜用于松散地层中的直径相对较小、形状近似圆形、表面光滑的孤石，在小口径钻进此类岩石时，岩石和钻头一起回转，钻进困难； ③钻孔和爆破时对环境影响较大； ④对地层扰动大，爆破后需要回填钻孔
	人工挖孔桩对孤石进行处理	①需对地面进行围挡，适用于处理体积大的孤石； ②适应范围广，可适应不同埋深的孤石	①人工费用较高，且工期较长； ②由于挖孔的稳定性不易控制而存在一定的施工风险； ③在破碎孤石时，对周围环境有一定影响
	冲孔桩对孤石进行破碎	①孤石处理彻底，效果好； ②盾构掘进安全性高，掘进速度快	①技术要求高，费用较高，工期较长，对于较大孤石来说，冲孔数量大，工程量较大； ②如果孤石为圆形或者较小时冲击锤容易移位，且很容易冲击不到； ③冲孔施工时噪声较大，地层影响大

续上表

孤石处理方法		优　点	缺　点
开舱人工处理孤石	静态爆破或者定向爆破	①对地表施工条件无要求，不需要占地； ②适用于自稳能力较好的地层，在地质条件较差的地区，需要先注浆加固处理； ③对地层的扰动小，可以在对地层变形控制较严格的市区使用	①需要开舱对孤石进行钻孔埋设静态爆破剂或者乳化炸药，工期较长，费用也较高； ②爆破时，对地层和设备产生干扰，存在一定的施工风险，安全性差； ③有一定的噪声
	开舱用破碎机破碎孤石	①对地表施工条件无要求，不需要占地； ②适用于地质条件较好的含有孤石的地层； ③对地层的扰动小	①孤石处理速度慢，人工费用较高； ②由于未对掌子面注浆加固，因此存在一定的施工风险，安全性差

4.1.3　国内外孤石爆破理论

岩石爆破理论是用来说明爆破时的破岩机理，并指导岩石爆破工程进行合理设计和施工的一门学科。爆破理论作为一门特殊的力学学科，是随着炸药、起爆器材的发明和应用、爆破测量技术的进步以及相邻学科发展而发展的。爆破理论的研究也经历了萌生阶段和形成与发展阶段。

1. 爆破理论的萌生阶段

爆破理论的萌生阶段或早期发展阶段比较有代表性的假说：炸药量与岩石破碎体积成比例假说；C. W. 利文斯顿爆破漏斗假说、流体力学假说等。

(1)炸药量与岩石破碎体积成比例假说

该理论首先给出了集中药包标准抛掷漏斗的装药量计算公式：

$$Q=q\cdot W^3 \tag{4.1-1}$$

式中　Q——标准抛掷爆破的装药量(kg)；

q——破碎单位体积岩石的炸药消耗量(kg/m^3)；

W——最小抵抗线(m)。

当装药深度不变，改变装药量的大小，破碎半径及破碎顶角的数值也要变化。因此，根据几何相似原理得出非标准抛掷漏斗的装药量计算公式：

$$Q=f(n)\cdot q\cdot W^3 \tag{4.1-2}$$

式中　n——爆破作用指数。

关于 $f(n)$的具体计算有许多经验公式，应用较多的是：

$$f(n)=0.4+0.6n^3 \tag{4.1-3}$$

该假说只是通过装药量与岩石破碎体积成比例的关系，来计算爆破时的参数(装药量)，对爆破作用的各种物理现象以及岩石是受到何种作用力而破坏的爆破过程并未作实质性的说明。在计算中没有考虑岩石的物理力学性质，但是由于计算公式比较简单，并且具有实践经验意义，所以该式仍是工程爆破时计算装药量的基本公式。

(2)C. W. 利文斯顿爆破漏斗假说

C. W. 利文斯顿爆破漏斗假说是建立在大量的爆破漏斗试验和能量平衡准则基础上形成的。在不同的岩性、不同炸药量、不同埋深条件下进行的大量试验表明：炸药在岩体爆炸时，传递给岩石的能量取决于岩石性质、炸药性质、药包重量和药包埋深等因素。当岩石性质一定时，爆破能量的多少取决于炸药重量和埋藏深度。在地下深处埋藏的药包，爆炸后其能量几乎全部被岩石吸收。当岩石吸收的能量达到饱和状态时，岩石表面开始产生位移、隆起、破坏以及抛掷。在此基础上，C. W. 利文斯顿建立了爆破漏斗的最佳药量和最佳埋深公式：

$$L_j=\Delta_0 E Q_0^{1/3} \tag{4.1-4}$$

式中　L_j——最佳埋深(m)；

E——弹性变形系数；

Q_0——最佳药包质量(kg)；

Δ_0——最佳深度比。

C. W. 利文斯顿爆破假说属于实用爆破学范畴，其广泛应用于露天和地下开采中，但该假说仅对爆破结果进行了定量的描述而没有涉及岩石的爆破机理。

(3)流体力学假说

流体动力学假说是假设在坚硬介质中,爆破作用具有瞬时性以及爆炸介质具有不可压缩性,把介质视为理想流体。因此,爆炸作用可视为爆炸气体以动能形式将爆炸能量瞬间传给介质。经过假设以后认为:炸药爆炸在岩石介质中产生的速度势分布与电解液电位分布都遵守着相同的数学规律——拉普拉斯方程:

$$\frac{\partial^2 \varphi}{\partial x^2}+\frac{\partial^2 \varphi}{\partial y^2}+\frac{\partial^2 \varphi}{\partial z^2}=C \tag{4.1-5}$$

求解的结果可获得反映爆炸能量分布规律以及应力分布特性的势速分布特点及其大小,通过水电动态相似模拟法可以方便地求出岩石破碎块分布。

综上所述:三种具有代表性的早期爆破理各有不同,但其共同点是均未涉及爆破过程的物理实质,仅仅是一些经验计算公式而已。

2. 爆破理论的形成及发展

(1)爆破理论基本框架

爆破理论基本框架是在冲击波拉伸破坏理论和爆炸气体膨胀压力破坏理论的基础上提出来的,是一种关于冲击波和爆生气体综合作用的理论。

目前在对岩石爆破机理研究中,关于爆炸冲击波和爆生气体准静态压力哪个起主要作用,目前仍存在着两种不同的观点。一种观点认为冲击波的作用只表现在对形成初始径向裂纹起先导作用,而大量破碎岩石则是依靠爆生气体膨胀压力作用。另一种观点则认为爆破过程中哪种载荷起主要作用要取决于岩石的波阻抗,即高波阻抗岩石应力波起主要作用,低波阻抗岩石爆生气体起次要作用。对于均质岩体以应力波作用为主,而对于整体性不好,节理裂隙发育的岩体,以爆生气体作用为主。从爆破的实际作用来讲,该理论是符合爆破岩石过程的,但到目前为止该理论尚未建立起系统和完善的计算方法。

(2)岩石爆破力学模型的发展阶段

长期以来,岩石爆破的力学模型研究一直是岩石动力学和岩石爆破界研究领域的一个热点课题。岩石爆破力学模型的发展经历了弹性理论阶段、断裂理论阶段、损伤理论阶段。

①弹性理论阶段。弹性理论阶段的研究工作开始于20世纪60年代,具有代表性的Harries模型和Favreau模型。Harries模型是建立在弹性应变波基础上的高度简化的准静态模型,该模型认为作用于孔壁的爆生气体压力的切向拉应变是形成裂缝的主要原因,并以应变值大小决定径向裂纹个数,用Monte Carlo法确定爆破裂缝分割的破碎块度。

Favreau模型是建立在爆破应力波理论基础上的三维弹性模型。该模型充分考虑了压缩应力波及其在各个自由面的反射拉伸波和爆生气体膨胀压力的联合作用效果,最终以岩石动态抗拉强度作为破坏判据。该模型具有模拟炸药参数、孔网参数及岩石炸药匹配关系等爆破因素的综合能力,并可预报爆破块度。1983年我国马鞍山矿山研究院推出的BMMC露天矿台阶爆破三维数学力学模型,该模型利用单位表面能理论作为破坏判据,成为我国第一个完整的可以用于爆破数值计算的模型。

②断裂理论阶段。随着断裂力学的发展,岩石中裂纹扩展及断裂破坏问题也渗入了爆破理论研究领域。在这方面有代表性的爆破模型主要有BCM模型和NAG-FRAG模型。NAG-FRAG模型以应力波使岩石中原有裂纹激活而形成裂缝,同时也考虑了爆生气体压力引起的裂缝进一步扩展。该模型认为爆炸作用下岩石破坏范围及破坏程度取决于受应力波作用激活的裂纹数量和裂纹的扩展速度。但用一维载荷作用下的裂缝发展情况来解决三维应力场作用下的爆破过程显得过于简单。BCM模型也称层状裂缝岩石爆破模型,该模型是在Criffth裂纹传播理论基础上建立的,但预测得到的爆破漏斗轮廓与实际出入较大。

③损伤理论阶段。岩石爆破损伤模型因其考虑了岩石内部客观

存在的微裂纹及其在爆炸载荷作用下的损伤演化对岩石断裂和破碎的影响，比以往的岩石爆破模型更能反映岩石爆破破碎过程的真实特征。美国 Sandia 国家实验室从 20 世纪 80 年代初就开展了岩石爆破损伤模型的研究。TCK 模型是损伤阶段研究的代表，该模型认为岩石的抗压强度远高于其抗拉强度，所以岩石动载破坏本构模型可分为两部分：当岩石处于体积压缩状态时，属于弹塑性材料；而处于体积拉伸状态时发生脆性断裂，且断裂裂纹形态与应变率有关。该模型在模拟岩石性质方面更加合理且接近实际。目前损伤力学在岩石爆破机理研究中的应用已成为岩石爆破模型发展的一个主要方向。

(3)爆破数值计算研究

随着爆破技术的发展，计算机模拟爆破作为爆破领域的新技术、新方法也愈来愈引起人们的重视。近年来，计算机模拟爆破研究已取得很大成绩。一些卓有成效的爆破模型已经建立，正在工程中发挥着重要的作用。许多流体弹塑性计算程序（有限元程序和有限差分程序等）先后在爆炸过程数值模拟中获得成功，如 SHALE 程序被用于层状岩石(BCM)爆破过程模拟，LS-DYNA-2D 和 PRONTO 被用于岩石损伤爆破计算模拟，目前在美国、澳大利亚、西班牙等国家学者和研究中频频出现爆破数值模拟的新成果。

爆破过程计算机模拟专用程序有：①20 世纪 50 年代末，美国加利福尼亚大学劳伦斯辐射实验室开发的 SOC 代码和 TENSOR 代码。②20 世纪 70 年代美国桑迪亚国家实验室提出了一维和二维应力波传播的计算机程序 WONDY 和 TOODY。③20 世纪 80 年代美国洛斯·阿拉莫斯国家实验室发展了二维和三维应力波传播的计算机程序 2DSHALE 和 3DSHALE。④1987 年美国桑迪亚国家实验室又开发了 CAROM 计算机程序，可以预测岩石的运动规律和爆破的最终形态。⑤1993 年桑迪亚国家实验室又与 ICI 公司共同开发了煤矿台阶爆破，包括抛掷爆破的计算机模拟程序 DMC。⑥我国影响最大的是 LS-DYNA 程序系列。它最初是 1976 年由美国

J. Q. Hallquist主持开发的，经历了许多版本至今已比较完善。LS-DYNA 程序系列国内较熟悉的是 LS-DYNA-2D 和 LS-DYNA-3D。它采用四、六、八节单元进行离散化处理对称和平面应变问题和三维计算。目前，国内相应的软件技术仍然相对比较落后。

(4)现代爆破理论研究的新进展

现代爆破理论的新发展阶段起始于 20 世纪 80 年代，随着岩体结构力学、岩石动力学和计算机模拟技术的发展，使爆破理论的研究更加实用化、系统化，逐步由经验总结向科学理论发展。

现代爆破理论的新进展主要包括以下内容：①节理裂隙岩体爆破理论的深入研究和岩体结构面对岩石爆破的影响和控制；②岩石动载特征及其对爆破效果的影响；③计算机模拟和再现爆破过程用于研究裂纹的产生、扩展，预测爆破块度的组成和爆堆形态，以及供计算机模拟的爆破模型不断涌现；④一些新思想、新的研究方法开始进入爆破理论的研究领域。例如在工程爆破中引入概率和数理统计、模糊数学、灰色系统、分形几何理论等不确定性理论。

岩石爆破理论包含两大部分的内容：一是爆炸应力波的动作用机理，二是爆生气体的准静态作用机理。尽管基于二者之一发展了不同的岩石爆破机理，但目前已基本上得到共识，认为岩石的爆破破坏是二者共同作用的结果，只是在不同的岩石和装药条件下，二者对岩石的破坏作用程度不同。因此，岩石爆破损伤断裂过程包含了爆炸应力波的动作用和爆生气体的准静态作用两个阶段。研究岩石破碎机理的目的，是寻求在考虑损伤情况下控制岩石裂纹扩展的参数，进而建立具有更一般意义的岩石损伤破坏准则，更好地反映岩石在爆炸载荷作用下破坏的实际过程。

岩体性质与爆破效果关系的研究催生了岩石爆破性分级的研究。岩体爆破性是表征岩石抵抗爆破的难易程度，是动载荷作用下岩石物理力学性质的综合体现。基于岩石的可爆性对岩石分级始于苏联，依据岩石的可爆性进行分级是近年来岩石爆破研究比较活跃的领域之一。目前大体有六种分级方法：一是采用岩石强度、岩体纵波速度、岩石横波速度作为评判指标评价岩石的可爆性；二是采用天然裂隙平均间距、矿岩单轴抗压强度、容重及声阻抗指标来评价矿岩可爆性；三是直线掏槽爆破分级法；四是灰色关联度爆破性分级；五是人工神经网络爆破性分级；六是遗传程序设计爆破性分级。

从岩石可爆性分级研究可以发现，各种矿岩可爆性的分级法主要区别于判据的选取和处理手段不同。目前矿岩可爆性分级朝着两个方向发展：一是希望能够将岩石可爆性按一个标准统一分级；二是为了优化爆破参数，采用简单、实用的方法对具体的矿区矿岩进行分级，以达到提高爆破效果的目的。

岩石的最终破坏是由于爆炸产生的作用应力超过其强度极限所致，破碎状态与爆炸能和岩石的力学特性密切相关。换句话说，为了达到一定的破碎效果，在特定装药形式、类型和自由面条件下，装药的多少主要依岩石的力学特性而定。如何准确地描述和认识岩体性质以及它们和爆破破碎的关系一直是爆破界研究和关注的重点。矿岩的力学性质在一定程度上决定着矿岩爆破的难易程度，它主要表现为抗压、抗拉、抗剪强度和弹性模量等。炸药单耗与岩石的抗拉强度、抗剪强度成正比关系，对于多数岩石来说，抗压强度与抗拉强度具有正比关系。在岩石的爆破工程中，决定岩石爆破效果和炸药单耗的不是岩石的抗压强度，而是岩石的抗拉强度，且爆破效果与岩石的孔隙度和密度有关，岩石的孔隙度越小、密度越大则越有利于岩石爆破。

目前岩石破碎方面的技术很多，如爆破法、机械冲击法、水射流法、热力法等。其中，爆破法以其经济高效、便于操作等优势，在处理孤石中得到广泛应用。由于不同的孤石外形、力学性质、周围环境均有差异，导致爆破处理不同的孤石时，各种参数、装药量、装药结构都必须调整，若设计或施工不当，极易造成严重后果。

孤石爆破具体有以下特点：

①多使用浅孔爆破，破碎效果一般只要求振裂、振破，不要求破

碎成小块度。

②与大量土石方爆破不同，孤石爆破的方量很少，一般是单孔或几个炮孔起爆。达到爆破效果实际需要的装药量也较少，因此在施工过程中，如装药药量把握不准，将会造成实际炸药单耗的明显变化，达不到预期效果或能量过多，产生飞石。

③孤石一般临空面较多，爆破法破碎过程中可充分考虑临空面，合理设计孔网参数。

④孤石外形不规则，需根据其外形特征合理布孔、改善装药结构、调整装药量等。由于其形状、结构面的影响，设计、施工人员很难把握实际最小抵抗线的大小和方向。

⑤部分孤石在前期的机械开挖或爆破过程中，可能受到破坏，存在一定的裂隙，导致孤石力学性质的变化。

⑥长期受各种自然因素风化形成的孤石，一般既“硬”且“脆”，有些内部节理、裂隙等发育，极易形成飞石。

⑦一些孤石并未完全裸露于地表，设计和施工人员无法完全了解整块孤石的性质，造成设计和施工中的困难。

4.2　桃深区间孤石与基岩分布及处置对策

4.2.1　桃深区间孤石与基岩分布情况

地铁沿线场地范围内上覆第四纪人工堆积层（Q_4^{ml}）、冲洪积层（Q_4^{al+pl}）、残积层（Q^{el}），下伏燕山期花岗岩（γ_5^3），花岗岩残积层和风化岩中普遍存在差异风化现象，满足发育孤石的地质条件。

根据盾构已开挖所掌握的情况，表明本标段地质条件十分复杂，部分里程段揭露有球状风化体（孤石）及蜂窝状孤石集群，如图 4.2-1 所示（图中勘察钻孔从左至右编号为 TSBKK-01～TSBKK-18），其中左线里程 DK7＋151.3、右线里程 DK6＋947.9、DK7＋285.4 处孤石侵入隧道范围内，厚约 3.2 m，孤石集群的存在，为盾构施工带来了极大的不确定性，多次发生卡住盾构机、打坏刀盘、盾构掘进姿态不可控等问题。为探明球状风化体大小，提前对孤石进行探测和处理，降低盾构施工的风险，确保本标段的总体工期要求，进行了补充勘探，发现在左线里程 DK6＋988、DK7＋138.7、DK7＋151.3、DK7＋206.3、DK7＋225.9、DK7＋245.2、DK7＋628.2，右线里程 DK6＋947.9、DK7＋285.4 附近内孤石发育，且侵入隧道内，因其强度高，对盾构掘进影响大，盾构穿越此处前必须对孤石进行提前处理。

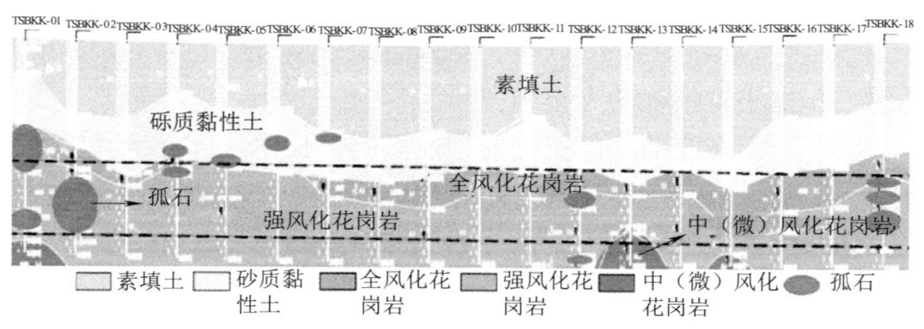

图 4.2-1 盾构掘进已揭示的孤石分布

4.2.2 桃深区间周边环境概述

本区间工程位于龙珠大道正下方，主要地下管线有污水、雨水、燃气、电力、石油管线等。其中污水、雨水管线位于龙珠大道行车道上，其走向基本与隧道平行，埋深 1～2 m，对隧道掘进影响小。而燃气管道、电力管线、石油管道因与隧道线路相交，因此必须重点考虑，特别需要注意线路上孤石与这些管线的相对位置，以防在进行孤石处理时对管线造成影响。

(1)燃气管道

燃气管道走向基本与隧道线路平行，且位于左线隧道北侧(深云村至桃源村方向)，而在里程左 DK7＋129.215 处该燃气横穿龙珠大道(即与盾构隧道垂直相交)，该处燃气管道埋深约 2 m。燃气管线与隧道平面关系图和剖面关系图分别如图 4.2-2 和图 4.2-3 所示。

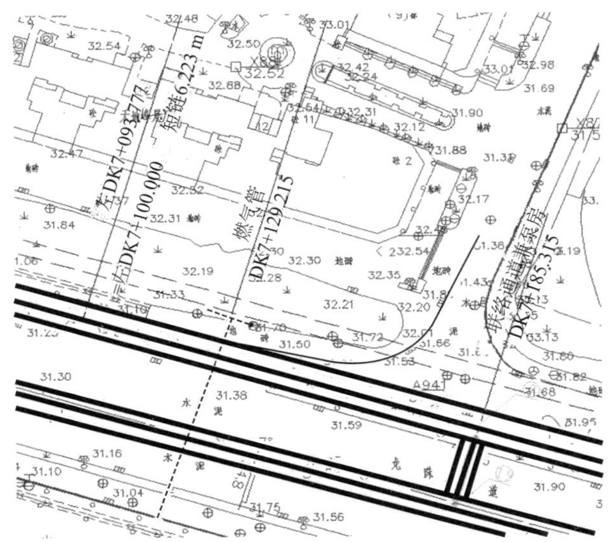

图 4.2-2　燃气管线与隧道平面关系图

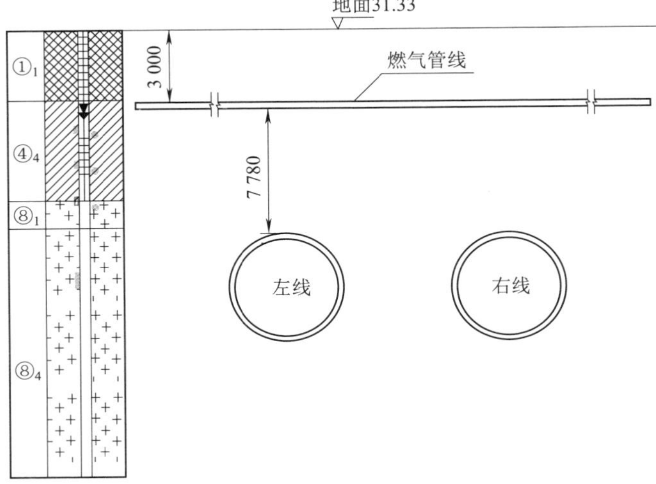

图 4.2-3　燃气管线与隧道剖面关系图(单位:mm)

(2)电缆隧道

本区间电力管线主要为电缆隧道,电缆隧道在下,盾构隧道在上。该电缆隧道走向从平行于深云站外轮廓线南侧行至深云站右线端头后,转弯穿过本区间右线隧道、左线隧道,再转弯后约与左线隧道平行。该电缆隧道分别于里程右 DK7+745、里程左 DK6+691 处与右线、左线隧道相交。

电缆隧道穿越本区间左右线隧道的范围内,不存在孤石,而且电缆隧道暂未施工,且其在下盾构隧道在上,因此电缆隧道对本区间盾构掘进的影响较小。

(3)雨水、污水管线

此雨水及污水管处于桃源村站—深云站区间,整个左线沿线均存在雨水及污水管道。管道为钢筋混凝土材质,污水管埋深约 2.6 m,雨水管埋深 3～5 m,位于左线隧道正上方且平行于隧道,部分区域横穿隧道。污水管线距隧道顶部最小距离约为 7.5 m。管线与隧道位置平面关系如图 4.2-4 所示。

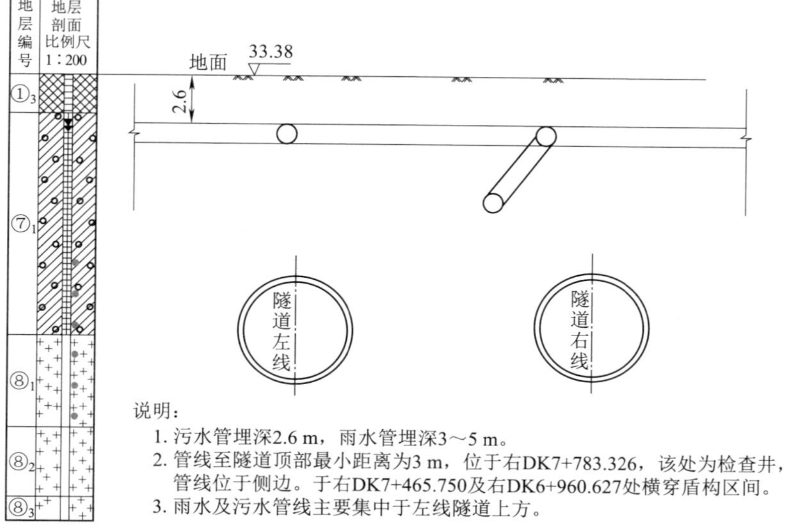

图 4.2-4　雨水及污水管线与隧道剖面关系图

(4)石油管道

本区间隧道里程左 DK7＋422 处，隧道正上方存在一条中石化输油管道，该管道横穿左右线隧道。该输油管敷设时采用顶管法施工，顶管为 DN1 200 的混凝土管，而输油管自身直径为 323 mm。

地质补勘资料显示该管道左右两侧 50 m 范围内不存在孤石，因此可忽略本区间孤石处理对该管道的影响。输油管的平面图如图 4.2－5所示，输油管线与隧道关系横断面图如图 4.2－6 所示。

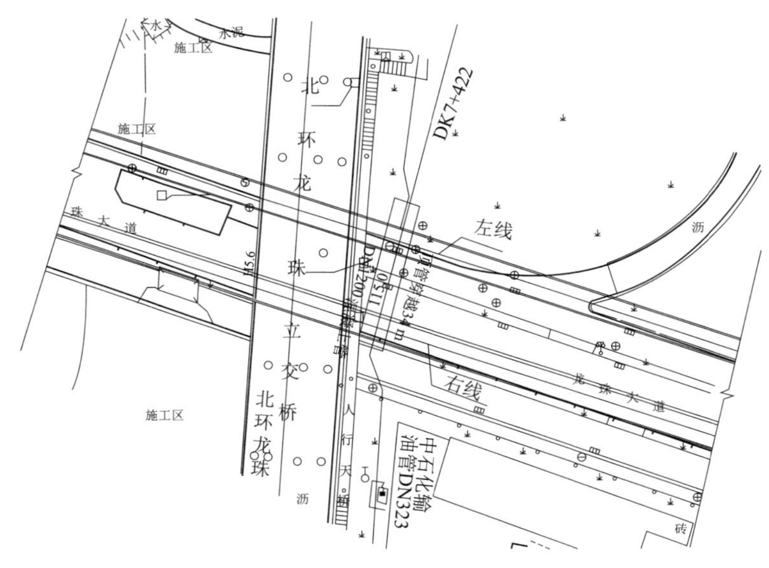

图 4.2－5　输油管平面图

4.2.3　不同条件下孤石与基岩处理对策

1. 已探明孤石与基岩的处理方法

(1)对 *RQD* 值小于 25％的孤石或在盾构机刀盘转动时不随之发生转动的孤石，可采取盾构机直接破碎通过。

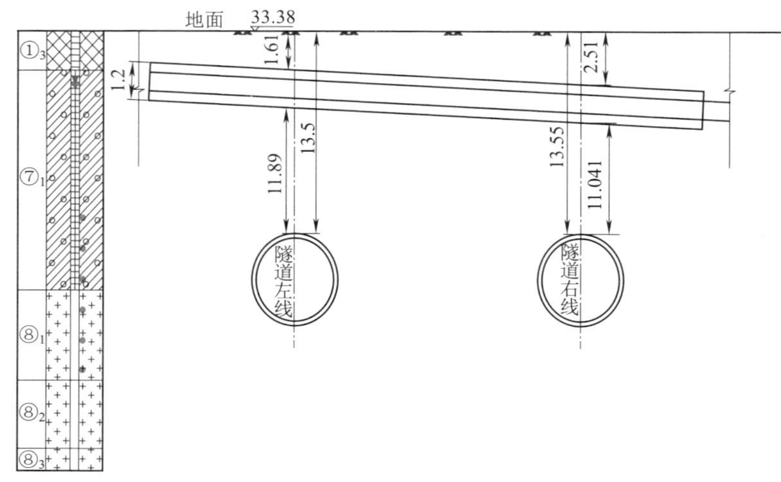

图 4.2-6 输油管线与隧道关系横断面图(单位:m)

(2)对 *RQD* 值大于 25%的孤石,不能通过盾构机直接破除,可预先采取如下措施:

①当孤石较小时,对孤石周边风化土层进行袖阀管地面或洞内预加固,以提供盾构机破岩和人工破岩的条件。

②洞内静态爆破。

③地面钻孔爆破或冲孔破除孤石。

④压气作业条件下人工破除孤石,破除时可采用岩石分裂机等设备。

⑤很大的孤石采用明挖竖井破除的方法处理,后回填密实盾构通过的方法。

进入开挖面或冲孔碎岩等方式清除孤石和基岩突起,其对于工作人员和工程项目都很危险,开挖面崩塌可能会使施工人员伤亡,或冲孔碎岩不彻底等,也可能引起隧道顶部地面过大的沉降。为此,最优的办法是从地面对孤石和基岩突起提前处理,使其破碎成粒径较小的碎块,以便盾构机顺利通过。

结合本工程可能存在孤石的地质情况，采用地面引孔预裂爆破方法。如在补勘中未发现的孤石，在条件具备的情况下可采用上述其他方法在洞内处理。

2. 未探明孤石与基岩的处理方法

掘进过程中注意观察盾构机掘进的异常情况以及掘进参数的异常变化（例如速度突然变慢，推力、扭矩突然增大，刀盘振动，盾构机有异响等），判断是否碰上孤石。

补勘未发现的孤石，采用开舱人工凿除或洞内爆破处理。当盾构机掘进碰到孤石时，将土舱门打开，进入土舱，用风枪将其破碎，或用电锤钻直径 5 cm 的炮孔，装入液体炸药（膨胀剂）将其胀破。炮孔的分布位置应保证爆破后的碎石的最大粒径不超过盾构机螺旋机出土的设计粒径，必要时可从刀盘开口取出大粒径的碎石，然后恢复掘进，掘进时盾构机操作手应注意泡沫剂的使用，必要时向土舱注入膨润土，严格控制渣土改良，避免螺旋机被卡住。

4.3 已探明孤石引孔预裂爆破施工技术

对已探明的孤石采用引孔预裂爆破方法进行爆破。在钻进过程中遇到孤石时，提钻后查明孤石的产状、大小、形状，并依此来制定爆破孔的数量、分布和装药量，利用小口径钻头在孤石上钻出爆破眼，然后在小孔内安放适量的炸药对孤石进行爆破。清除孔内岩块进而达到钻孔顺利穿过孤石的目的。对于垂直高度特别大的巨石可以进行多次爆破直到钻孔穿过巨石。

钻孔爆破具有如下特点：

（1）施工周期短，成本低。

（2）适应范围广，可适应不同埋深的孤石、漂石、滚石。

（3）方便灵活，可根据孤石的形状、大小来具体确定爆破孔的孔径、深度和装药量大小，对厚度较大的孤石，可实施分层爆破确保钻孔质量。

（4）不适宜用于松散地层中的直径相对较小、形状近似圆形、表面光滑的孤石，在小口径钻进此类岩石时，岩石和钻头一起回转，钻进成孔困难。

4.3.1 孤石引孔预裂爆破总体施工规划

探明盾构前方孤石分布位置及大小后，开始对其采取相应处治措施，对 *RQD* 值小于 25%的孤石或在盾构机刀盘转动时不随之发生转动的孤石，可直接采取盾构机直接破碎通过；而对 *RQD* 值大于 25%的孤石，不能通过盾构机直接破除，采取地面钻孔爆破或冲孔破除孤石。

选择在地面采用钻深孔控制爆破预处理的方式，能够避免和减小洞内处理空间限制和安全风险。对已探明孤石采用地面地质钻垂直打孔，装药爆破隧道范围内孤石，使孤石成为单边长度小于 30 cm 的碎块。孤石爆破布孔形式采用矩形或梅花桩形。爆破完成后，进行钻孔取芯检测，查看孤石爆破效果。孤石处理后，采用孔口注入浆液法进行封孔，水胶比不大于 0.5，在封孔过程中严格控制用水量。

4.3.2 钻孔施工方法

确定孤石后，采用地质钻机在孤石上方实施钻孔，钻孔的孔位与桩基础边缘距离可取 30～50 cm。当钻机钻进垂直通过孤石时，撤离钻机，安放直径 100 mm 的 PVC 塑料管。然后取一定长度的直径60 mm PVC 塑料管，装满乳化炸药，吊放到孤石部位，爆破员使用毫秒雷管引爆炸药。

施工工艺流程：施工准备→地质钻机钻孔→安装 PVC 塑料管→安放炸药并起爆→抛填片石纠偏→钻进→成孔。

(1)施工准备

①了解地质勘察资料，了解施工时所遇到的孤石所处的深度、岩石强度及岩面倾斜方向。

②在斜向孤石岩面倾斜向上的一侧，平整场地，在距离孤石岩面

倾斜向上的一侧进行测量放样，确定孔口高程。

③准备直径100 mm的PVC塑料管，塑料管长度视孔深而定。直径60 mm PVC塑料管，长度视斜向孤石的厚度而定，考虑安放炸药的塑料管在孔底可以悬空一段距离及顶部必须与斜向孤石顶部平齐；细绳，长度需考虑始孔深但要富余，细绳主要是用来吊放安放炸药的PVC塑料管。

④安放地质钻机，准备钻孔。

(2)地质钻机钻孔

①钻进时需控制钻进速度，钻进速度不能过快，否则孔位垂直度难以保证质量。

②控制垂直度不应大于1%。

③成孔直径一般以110 mm为宜。

④为保证爆破效果，视斜向孤石的强度和面积大小确定钻孔数量。一般可钻1个孔或3个孔，钻孔平面位置间距可视孔深确定。

⑤钻进的孔底一般以刚好打穿孤石为宜。

⑥钻孔过程中，需确定斜向孤石所处的深度区段。

⑦钻孔完成后，撤离钻机。

(3)安放PVC塑料管

①为防止地质钻机已钻孔坍塌，在地质钻机成孔后，需安放直径100 mm PVC塑料管做护壁。

②为安装方便，分段长度以2 m为宜，分节间要安装连接牢靠，以防止PVC塑料管在吊放的过程中出现节段分离。

③一直把PVC塑料管安装吊放到孔底。

(4)钻进

①钻孔时，钻速不得过快或者骤然变速；孔内弃土不得堆积在钻孔周围。

②冲孔时，非作业人员不得进入冲击区域范围内。

③钻进时，泥浆密度要满足施工需要。

④在高压线或者营业线附近施工，应有防触电和防设备倾覆措施。

⑤停钻时，钻头应提出孔外并放置在安全位置。

(5)成孔

①提升钻头到接近护筒底缘时，应减速平稳提升。

②孔深符合设计要求后，必须用检孔器检测孔径、孔形及垂直度。

③用起重机吊放检孔器时，吊放速度要平缓，并设专人指挥。

④检孔器检测合格后，方可进入下道工序。

(6)炮孔验收

炮孔钻好，由技术人员验收，偏差过大应重新钻孔，抵抗线偏差大的孔应废弃，验收合格后方可装药施工。同时，钻孔队需提交记录详细的钻孔参数，包括钻孔直径、孔距、排距、触岩标高、钻孔深度等，并由技术人员验收。

4.3.3 引孔预裂爆破施工方法

为了确保盾构掘进的顺利，本工程中根据盾构螺旋输送机的出渣粒径要求将基岩和孤石爆破为单边长度小于 30 cm 的碎块。为了达到最佳的爆破效果，根据试验段的爆破效果逐步调整钻孔间距、深度以及装药量等参数。

1. 引孔预裂爆破法施工原则

选择在地面采用钻深孔控制爆破预处理的方式，以避免和减小洞内处理空间限制和安全风险。

2. 处理方法

对已探明球状风化体采用地面地质钻垂直打孔，装炸药爆破隧道范围内岩石，使岩石成为单边长度小于 30 cm 的碎块。地面钻孔采用地表深孔及水下钻孔两种爆破形式的相关规定，结合本工程的特点，进行爆破。

(1)爆破参数设计

①钻孔机械与钻孔直径。由于本工程需要爆破处理的孤石埋深较深，因此无法采取手风钻进行钻孔爆破施工。结合本工程的特殊性以及现有的机械设备和技术力量，采用地质钻机进行钻孔。采用地质钻机钻孔，土层钻孔孔径、岩石钻孔孔径均为110 mm，下PVC套管。

②钻孔形式。为了便于施工和准确控制钻孔方向，采用垂直钻孔形式。

③火工器材选型。雷管选用非电毫秒雷管，炸药选用乳化炸药，标准直径为ϕ60 mm，具体根据现场的需要加工。

④单耗计算。目前依据瑞典的设计方法，单位耗药量计算公式：

$$q=q_1+q_2+q_3+q_4 \tag{4.3-1}$$

式中　q_1——基本装药量，是一般陆地梯段爆破的2倍(本工程爆破对象位于地下14～20 m，且存在地下水，故视为水下爆破)；对水下垂直钻孔，再增加10%，例如普通坚硬岩石的深孔爆破平均单耗$q_1=0.5$ kg/m^3，则水下钻孔$q_1=1.0$ kg/m^3，水下垂直孔$q_1=1.1$ kg/m^3；

q_2——爆区上方水压增量，$q_2=0.01h_2$，h_2为水深(m)；

q_3——爆区上方覆盖层增量，$q_3=0.02h_3$，h_3为覆盖层(淤泥或土、砂)厚度(m)；

q_4——岩石膨胀增量，$q_4=0.03h$，h为梯段高度(m)。

本工程$h=3$ m，h_2平均取18 m，$h_3=15$ m，则$q_1=1.1$ kg/m^3。

$q=1.1+0.01\times18+0.02\times15+0.03\times3=1.67$ kg/m^3。

在爆破作业过程可参照上述数据试爆后，针对具体情况调整爆破参数，本项目中孤石装药的参数见表4.3-1。

(2)布孔形式与装药结构

因孤石厚度不均，考虑到测量以及药包吊装过程中产生的误差，因此孤石爆破时，当单孔单体爆破时装药长度与岩石厚度相同；多孔单体爆破时，相邻两个炮孔，其中一个炮孔钻至孤石底面（即钻穿），装药至炮孔底部，孤石顶面留 10 cm 不装药；其邻孔孔底距离孤石底面 10 cm，装药至炮孔底部，孤石顶面留 10 cm 不装药。钻孔时，先找出孤石边界（即以设计参数中的孔间距向外扩展钻孔，直至钻出的孔内没有岩石为止，则可确定孤石的边界），从边界开始进行爆破，一点一点向内推进。

布孔形式采用矩形或梅花桩形，孤石爆破具体钻孔装药结构示意图如图 4.3-1 所示，孤石爆破布孔如图 4.3-2 所示。

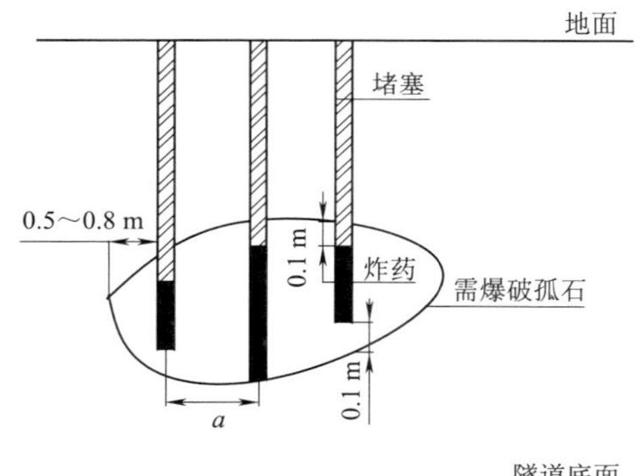

图 4.3-1 孤石爆破装药结构示意图

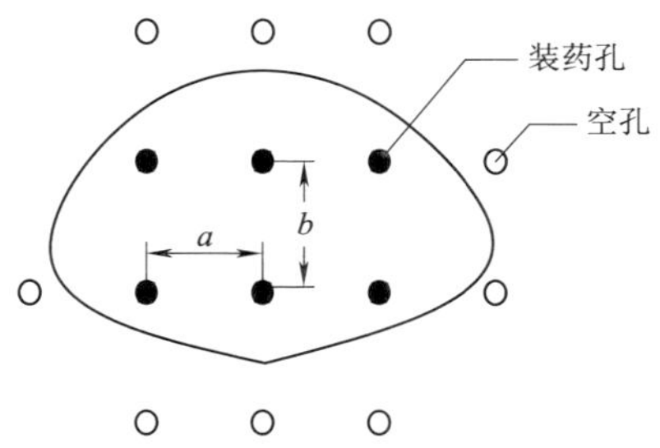

图 4.3-2 孤石爆破布孔平面示意图

表 4.3-1　不同体积下孤石装药参数

孤石体积(m^3)	0.2	0.5	0.8	1.0	1.5	2	3	4	5
装药量(kg)	0.35	0.88	1.41	1.76	2.64	3.52	5.28	7.04	8.80

(3)药包加工

炮孔验收合格后，对装药爆区范围内设置警戒，开始加工药包。首先要准备好直径 75 mm 的 PVC 管，根据钻孔队提供的钻孔参数和验孔情况，提前计算好药包长度，将炸药和雷管装入 PVC 管内指定的位置。由于孔内有水及少量泥浆，为了顺利装药，需对药包适当配重。PVC 管的长度需根据药包长度和配重长度来截取：

$$L=L_{1i}+L_{2i} \tag{4.3-2}$$

式中　L——所取 PVC 管长度；

L_{1i}——药包长度；

L_{2i}——配重长度。

单段药包加工示意图、分段药包加工示意图和药包加工的实况图分别如图 4.3-3、图 4.3-4 和图 4.3-5 所示。

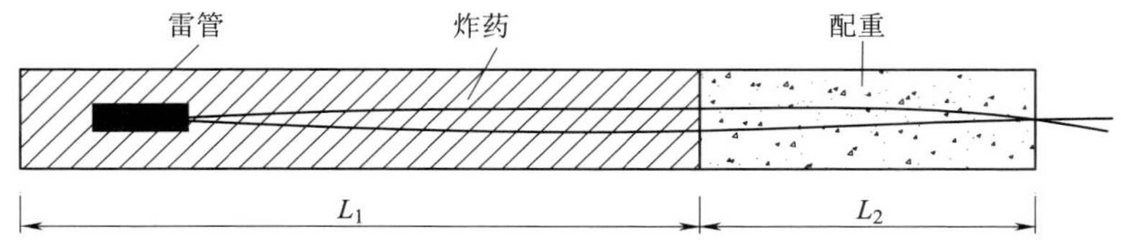

图 4.3-3　单段药包加工示意图

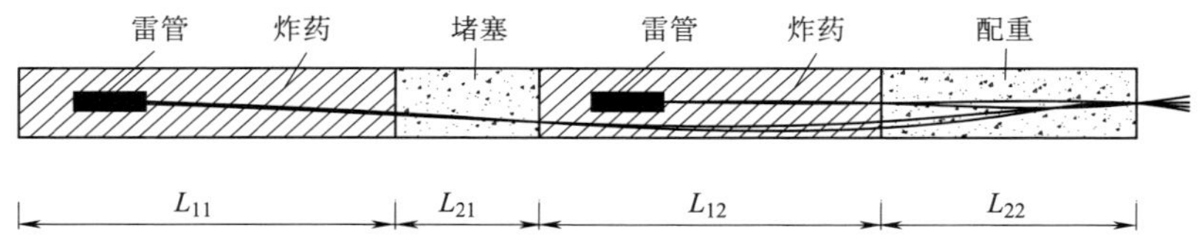

图 4.3-4　分段药包加工示意图

图 4.3-5 药包加工实况图

(4)抗浮配重

由于炸药与孔内的泥浆水密度相近,导致药包无法下沉或下沉后在浮力作用下而无法固定,所以需对药包进行配重抗浮。配重采用粒径 0.5 cm 的碎石,密度约为 1.50 g/cm^3;炸药密度约为 0.95～1.25 g/cm^3,此处取 1.00 g/cm^3;孔内泥浆水密度约为 1.15 g/cm^3。如果三者满足下式关系,则药包会顺利下沉。

$$G_{炸药}+G_{碎石}>F_{泥浆水} \tag{4.3-3}$$

取单段药包加工来举例说明,只要求出 $L_{1i}/L_{2i}=a$ 中的 a 值即可确定配重长度及所需 PVC 管长度。由于装炸药和碎石的 PVC 管内径一致,PVC 管的直径对其没有影响,所以式(4.3-3)可以转化为:

$$\rho_{炸药}L_{1i}+\rho_{碎石}L_{2i}>\rho_{泥浆水}L \tag{4.3-4}$$

即 $1.0\times L_{1i}+1.5\times L_{2i}>1.15\times L$,把 $L_{1i}/L_{2i}=a$ 代入,则可计算出 $a<2.33$。所以只要满足上述比例就可达到抗浮的效果。

(5)药包就位

根据钻孔队提供的钻孔参数和验孔情况,确定装药底部深度 N_1,然后准确测量 PVC 管与绳索的长度之和 N_2,使 $N_1=N_2$,将整个药包悬吊到准确的位置上,误差控制在 $+10$ cm 之内。药包就位后,用绳索固定在套管壁上,使其不再移动。如图 4.3-6 所示。

(6)起爆网路设计

图 4.3-6　药包安装施工实况图

由于炮孔深度达到约 20 m,需要爆破处理的孤石位置为地表以下约 14～25 m 的位置,同时由于炮孔中有水,因此,起爆药包采用绳悬吊于爆破点的位置,且一端固定于孔口位置,标高误差不得大于10 cm。药包装在特制的 PVC 管体内,起爆体须具有较好的防水性能。由于起爆体上方有约 18 m 高的水柱,压强相当大,因此在起爆体内要适当用碎石配重,以利于起爆体的就位。炮孔采用正向装药起爆,每个药包至少装两发非电雷管,且分别属于两个爆破网路,两套网路并联后起爆。网路示意图如图 4.3-7 所示。

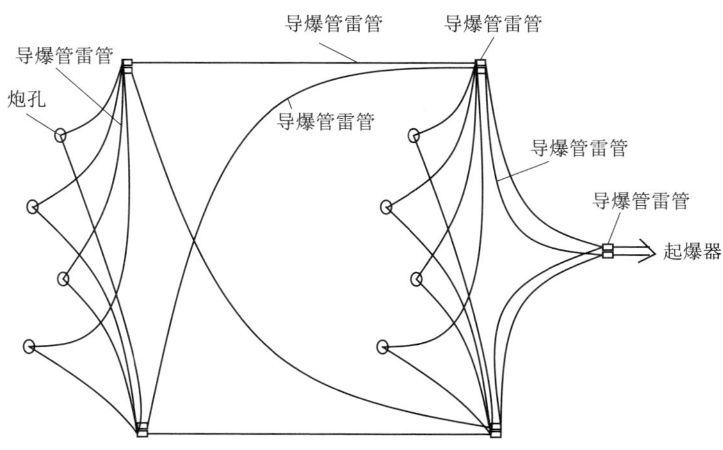

图 4.3-7　爆破网路示意图

(7)爆破安全距离计算

根据国家标准《爆破安全规程》及深圳市公安局的规定,一般民房所能承受的最大允许安全振动速度为 1.5 cm/s，为了保证爆破振动不影响邻近居民生活，按 1 cm/s 以下进行装药设计施工，反算一次爆破允许的最大装药 Q_{max}。爆破地震安全速度的计算公式为：

$$v=k(Q^{m}/R)^{\alpha} \tag{4.3-5}$$

式中　v——爆破地震安全速度(cm/s)；

Q——最大一段装药量(kg)；

R——爆破区至被保护物距离(m)；

m——药量指数，取 $m=1/3$；

k——与爆破场地条件有关系数，取 $k=160$；

α——与地质条件有关系数，$\alpha=1.9$。

最大一段装药量见表 4.3-2。

表 4.3-2　最大一段装药量

距建筑物距离 R(m)	最大一段装药 Q_{max}(kg)(v=1 cm/s)
15	0.15
30	0.3
45	0.45
50	0.5

结合表 4.3-2 计算结果，在施工中严格控制单段最大装药量，确保对周边建筑物的保护，同时，爆破作业时，需做好爆破振动和地表位移监测，以便及时反馈数据，进一步指导施工。

(8)安全防护措施

药包就位且固定后，开始进行堵塞。严禁使用铁器冲击炮孔内药包、雷管。套管内外均用碎石堵塞密实，防止泥浆喷出和套管的突起。地下爆破不会有飞石产生，只有在爆破后产生的高压气体会将炮孔内的泥浆压出孔外，为了防止涌出的泥浆飞溅，根据以往的经验，爆破作业时，采取砂包＋钢板的联合防护体系，如图 4.3-8 所示。如果本次爆区周围已经实施过爆破作业，则需对其周围的爆破残孔用砂袋覆盖，防止泥浆喷射，如图 4.3-9 所示。

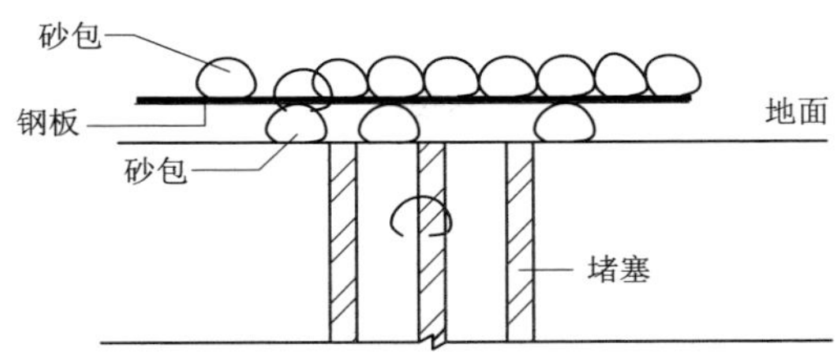

图 4.3-8　爆破防护示意图

图 4.3-9　爆破防护实况图

(9)起爆

防护完成后,爆破作业人员按照爆破安全规程操作,按操作程序加工起爆药包,爆破完成后,进行钻孔取芯检测,查看孤石爆破效果。

(10)孤石处理后封孔措施

在孤石处理完成后,采用孔口注入法,水胶比不大于0.5。在封孔过程中严格控制用水量。

4.3.4　引孔预裂爆破效果验证

1.爆破后岩石取芯和盾构出渣验证

根据盾构机破碎机和出渣系统的技术要求,爆破后岩体粒径低于 30 cm 有利于盾构顺利掘进，因此岩体粒径的大小即可评价爆破效果，采取地质钻孔取芯的方法进行验证。通过对爆破前和爆破后的岩体进行取芯对比，检测爆破对岩体的破碎效果，如图 4.3-10 所示。

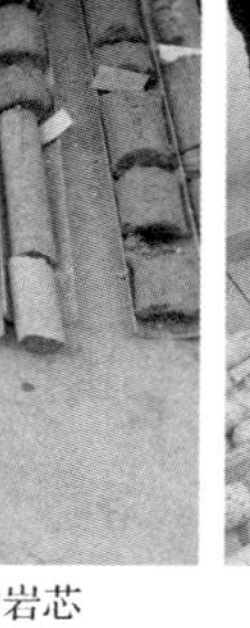

（a）岩体破碎前的岩芯　　（b）岩体破碎后的岩芯

图 4.3-10　岩体破碎效果对比

图 4.3-10(a)上部岩芯盒中的岩芯是未爆破前的芯样，岩体比较完整，节理裂隙比较少，图 4.3-10(b)是爆破后所取的岩芯，石体破碎，粒径均小于 30 cm，且取芯率很低，两组石芯在隧道的同一个里程，横向距离相差 2 m。从图 4.3-10(b)可以看出，所取岩芯的断面非常不规则，而且岩面非常新鲜，因此可以确定为爆破振动所致。

同时，在孤石爆破后盾构掘进过程中未再因孤石而开舱处理，渣块均随螺旋机直接排出，孤石爆破效果良好，达到了预期效果，保证了盾构在孤石地层的安全快速掘进要求，爆破后盾构螺旋输送机排除的渣样如图 4.3-11 所示。

2.爆破后盾构施工参数分析

在盾构掘进过程中，反映掘进效能的工作参数主要是刀盘总推力、刀盘扭矩、掘进速率、比能和贯入度指数。而该掘进参数又与岩石物理力学性质和岩体质量紧密相关，因此，这几个参数是评价基岩及风化孤石预爆破处理后盾构掘进效能的基本指标。在深圳地铁7号线7302标工程对盾构通过孤石与基岩段左线和右线的掘进参数进行了分析，其中左线是孤石和基岩未处理的工况，而右线是孤石进行爆破处理后的工况，下面依次对刀盘推力、扭矩和掘进速度等特征变化进行说明。

图4.3－11　爆破后的渣样

(1)爆破前盾构的掘进参数分析

在桃深区间左线施工过程中，没有对孤石和基岩进行预处理，采取了盾构直接掘进通过的方法进行施工，对左线进行了掘进参数的统计分析，分析了盾构在孤石与基岩未爆破掘进时的掘进参数，得出了在此种工况下盾构的掘进速度、刀盘总推力和刀盘扭矩的平均值和盾构在遇到孤石时的掘进速度、刀盘总推力和刀盘扭矩的频率直方图，分别如图4.3－12、图4.3－13和图4.3－14所示。

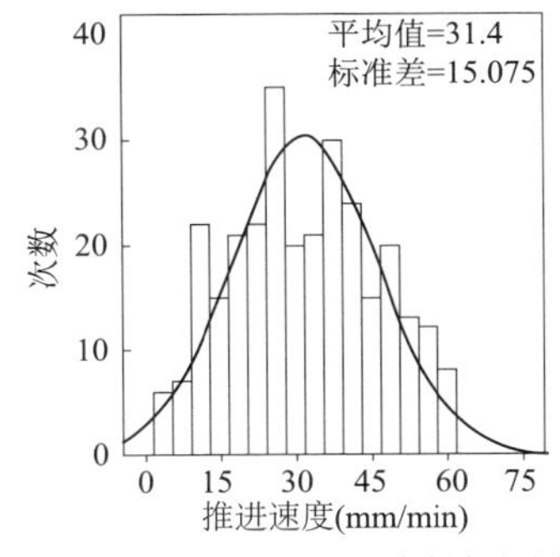

(a) 右线全段掘进速度频率直方图

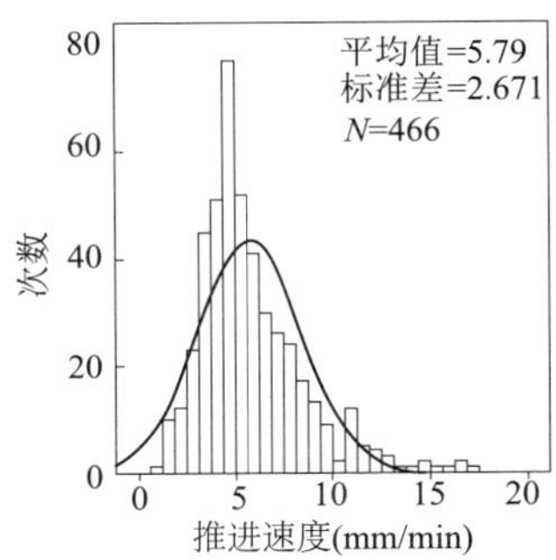

(b) 遇孤石时掘进速度频率直方图

图4.3－12　爆破前掘进速度的频率直方图

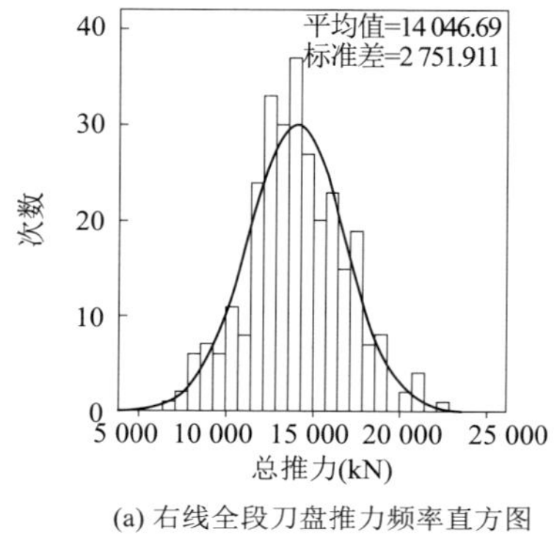

(a) 右线全段刀盘推力频率直方图

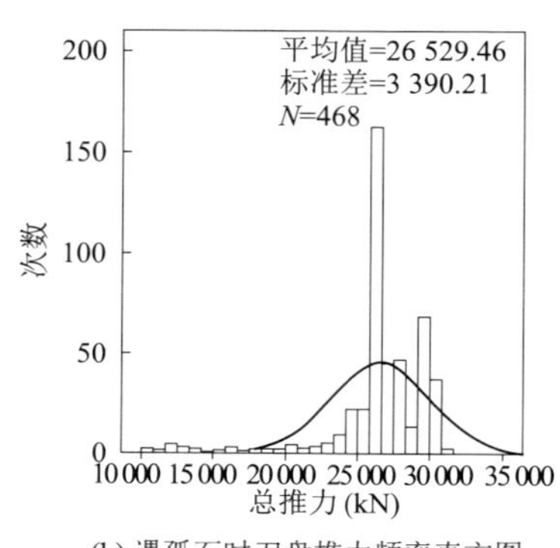

(b) 遇孤石时刀盘推力频率直方图

图 4.3-13 爆破前刀盘推力的频率直方图

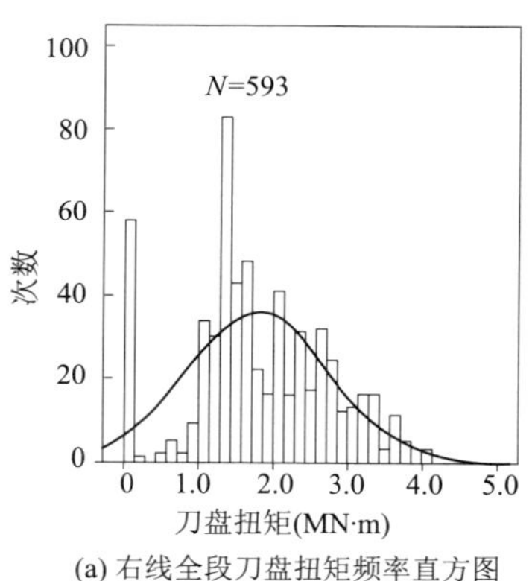

(a) 右线全段刀盘扭矩频率直方图

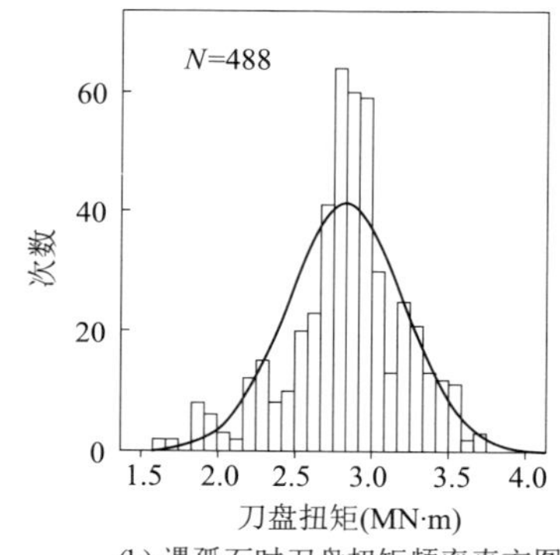

(b) 遇孤石时刀盘扭矩频率直方图

图 4.3-14 爆破前刀盘扭矩的频率直方图

掘进速度是衡量掘进机工作性能的主要指标，是掘进机作业的直接度量，其大小主要取决于盾构机的设计性能和地层特点。盾构右线全段掘进速度和遇孤石时盾构掘进速度如图 4.3-15 所示。

盾构总推力的大小是由刀盘上各把磨损量不同盘型滚刀对岩石施加的正压力所决定的。因此，刀盘总推力在一定程度上反映了掘进机的掘进状况，包括岩石情况和刀具磨损情况。盾构右线全段刀盘推力和遇孤石时刀盘推力如图 4.3-16 所示。

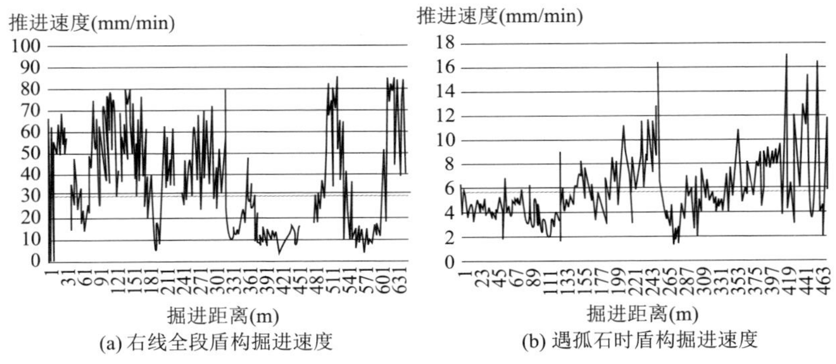

(a) 右线全段盾构掘进速度　　(b) 遇孤石时盾构掘进速度

图 4.3-15　爆破前的盾构掘进速度

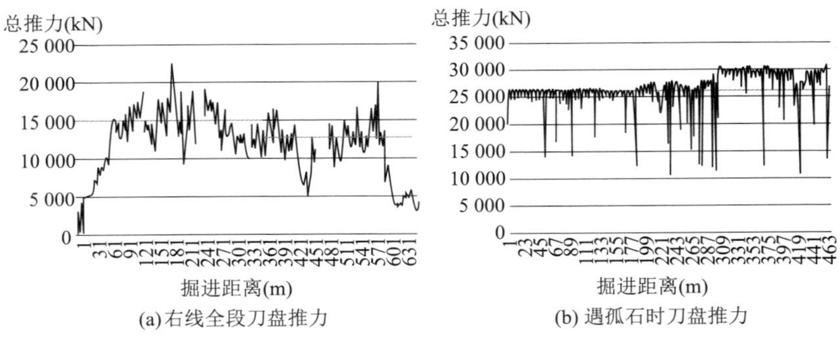

(a) 右线全段刀盘推力　　(b) 遇孤石时刀盘推力

图 4.3-16　爆破前的刀盘推力

掘进机在开挖隧道时其刀间距保持不变，同时掘进机可提供的刀盘推进力和扭矩能力是有一定限制，所以其开挖能力必然受到一定的限制。同时，掘进机所使用的扭矩的大小必然反映了岩石状况的变化。刀盘的扭矩为被动值，且与刀盘的推力和岩石状况直接相关，岩石强度越高推力越大则刀盘掘进扭矩也会越大。盾构右线全段刀盘扭矩和遇孤石时刀盘扭矩如图 4.3-17 所示。

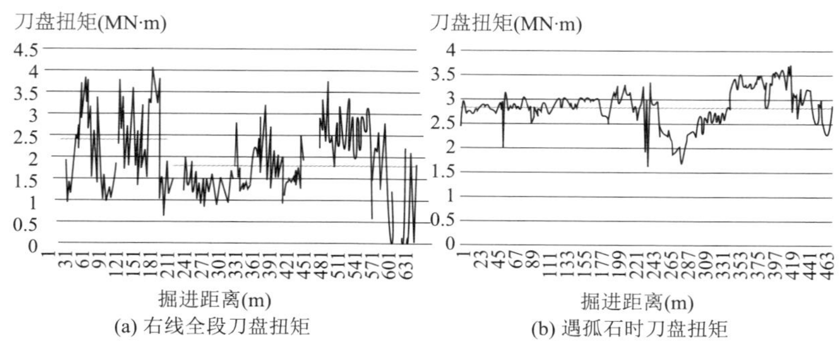

(a) 右线全段刀盘扭矩
(b) 遇孤石时刀盘扭矩

图 4.3－17　爆破前的刀盘扭矩

通过对右线的掘进参数进行统计分析看出：在孤石与基岩未处理的右线，盾构平均掘进速度 31 mm/min 左右，而在遇到孤石与基岩时的掘进速度降低到 5.79 mm/min 左右；整个右线的刀盘总推力平均值在 14 000 kN 左右，而在遇到孤石与基岩时的刀盘总推力增大到 26 000 kN 左右；右线整体的刀盘扭矩平均值在 1.79 MN·m 左右，而在遇到孤石与基岩时的刀盘扭矩增大到 2.83 MN·m 左右。在孤石与基岩未处理盾构直接掘进时，盾构的刀盘推力和扭矩较大，而掘进速度较慢，特别是遇到孤石时，掘进参数存在突变，掘进速度下降明显。

(2)爆破前后掘进参数的对比分析

①爆破后掘进速度统计分析。右线掘进速度的统计分析如图 4.3－18 所示。通过图 4.3－18 掘进速度频率直方图显示，孤石爆破处理后，岩石强度明显降低，掘进速度平均值在 55 mm/min 左右。掘进速度明显提高。

从图 4.3－15 和图 4.3－18 可以看出，爆破后盾构的平均掘进速度为 55 mm/min，未爆破段掘进速度的平均值为 31 mm/min，爆破后掘进速度提高了 77%。

②爆破后掘进扭矩统计分析。爆破后的刀盘扭矩图与频率直方图如图 4.3－19 所示。

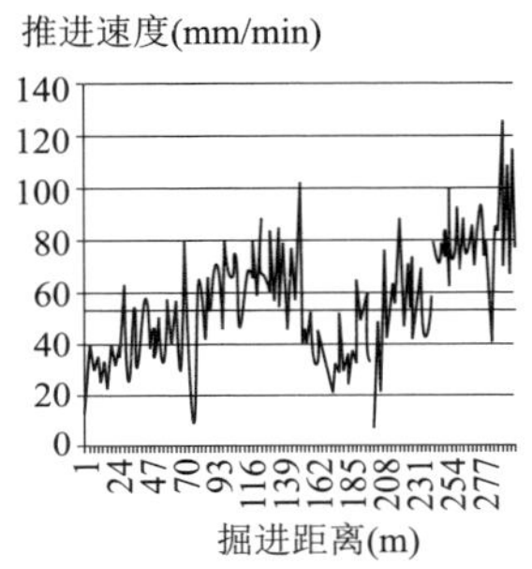

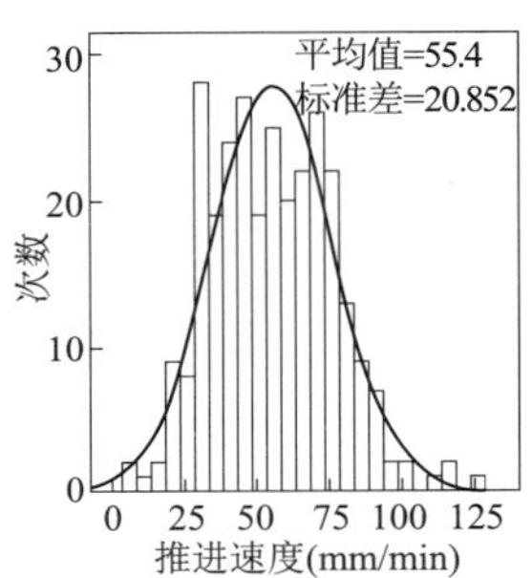

图 4.3-18 孤石爆破后掘进速度图和频率直方图

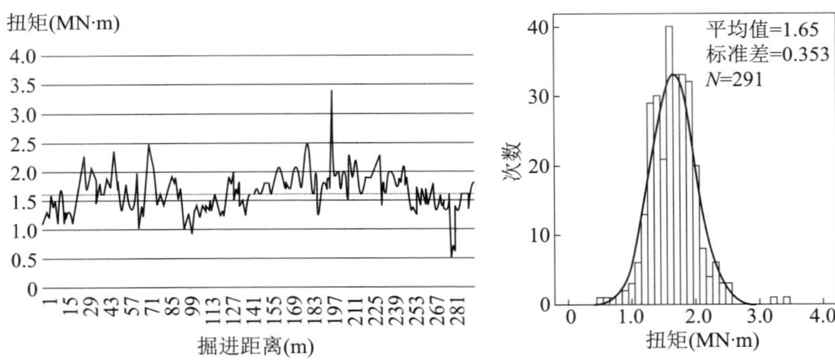

图 4.3-19 孤石爆破后刀盘扭矩图与频率直方图

从图 4.3-17 与图 4.3-19 可以看出，在未经爆破处理的孤石地层，盾构的扭矩均值为 1.79 MN·m，爆破处理后的孤石地层，盾构掘进扭矩的均值为 1.65 MN·m，降低了 7.82%。

③爆破后掘进总推力统计分析。爆破后刀盘掘进总推力图与频率统计直方图如图 4.3-20 所示。

由图 4.3-16 和图 4.3-20 显示，刀盘总推力受岩石强度影响很大，刀盘总推力近似呈正态分布。爆破处理前后总推力值由 14 000 kN左右减小到 8 500 kN 左右，爆破后岩石的整体性遭到破坏，岩石整体的强度有所减小，推力也有相应的减小。

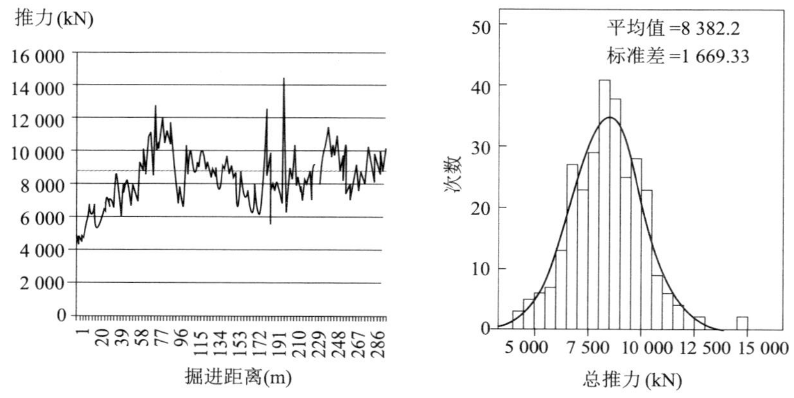

图 4.3-20　孤石爆破后刀盘推力图与频率直方图

4.4　紧贴盾构刀盘孤石定向控制爆破技术

4.4.1　技术背景

盾构在未探明的孤石地层中掘进地铁区间隧道，盾构机遇孤石会导致停机事故，而且当现场无法实施地面加固后带压进仓处理孤石时，需采取深孔爆破处理孤石。在保证盾构机设备完好的前提下，根据孤石与盾构机刀盘的相对位置，结合地下爆破区域地质情况，确定定向爆破区段划分，合理选取临空面，控制单区段装药量，对刀盘前孤石进行分区段深孔定向爆破处理。

采用深孔控制爆破对紧贴刀盘的孤石进行处理，盾构主轴承密封存在承受极限压力值，爆破冲击波的控制至关重要。

4.4.2　刀盘前方孤石探测技术

由于“孤石”一般为圆形，其宽度和厚度相差不大，并考虑到尽量使钻孔在处理“孤石”时可重复利用以降低成本，所以探测“孤石”的形状和位置时按以下程序布孔：

(1)以探到“孤石”的点为中心点向外布置钻孔圈，每圈等距布置 4 个钻孔。

(2)第一圈以“孤石”厚度的 1/2 为半径以中心点向外布置。

(3)如第一圈钻孔还不能找到孤石的边界，则距第一圈圆周向外 0.4 m 布置第二圈钻孔。

(4)如第二圈钻孔还不能找到孤石的边界，则距第二圈圆周向外 0.4 m 布置第三圈钻孔。

(5)依次类推，直到找到孤石边界为止。

如图 4.4－1、图 4.4－2 所示，按照编号依次打孔顺序为 1—2—4—3—5—6—8—7—10—9—11—12。在探孔过程中详细记录孤石每个孔位岩面深度及厚度。

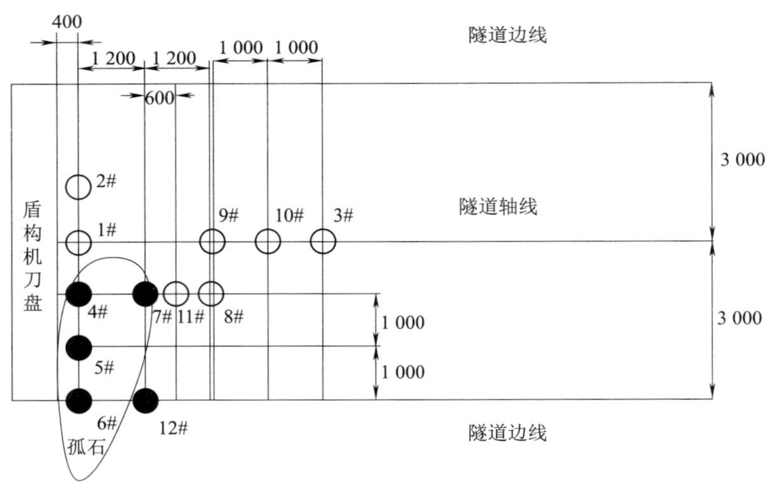

图 4.4－1　孤石探孔平面图(单位：mm)

现场探测结果显示：孤石侵入隧道大小沿隧道轴线方向长约 2.2 m，宽约 2.5 m，厚度 6 m；岩石强度最高为 129.7 MPa。

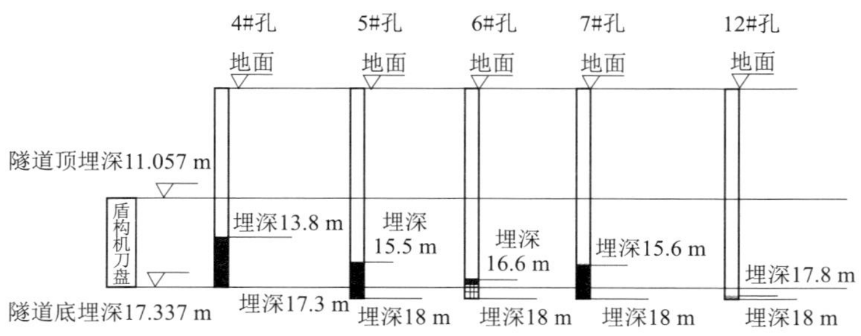

图 4.4－2　孤石探孔剖面图

4.4.3　定向控制爆破技术

定向爆破孤石处理施工工艺流程如图 4.4－3所示。

采用直径 110 mm 的地质钻垂直钻孔穿过突起的基岩及孤石，然后在孔内装防水炸药，松动隧道断面范围内的突起基岩及孤石，或将基岩、孤石爆破破碎为块径小于 50 cm 的块体。

盾构主轴承密封承受的冲击波峰值超压值计算如下：

$$\Delta P = 2\ 227/r + 308/r^2 - 8/r^3 \tag{4.4}$$

式中　ΔP——冲击波峰值超压（kN/m²）；

r——比例距离，$r=0.3R/Q$，R 为测点至药包中心距离（m），Q 为药包总量（kg）。

1. 布孔

沿隧道轮廓线外扩 1 m。距离刀盘前方 40 cm 打间距 30 cm 减振孔，孤石远离刀盘一侧 50 cm×50 cm 梅花形布置。为

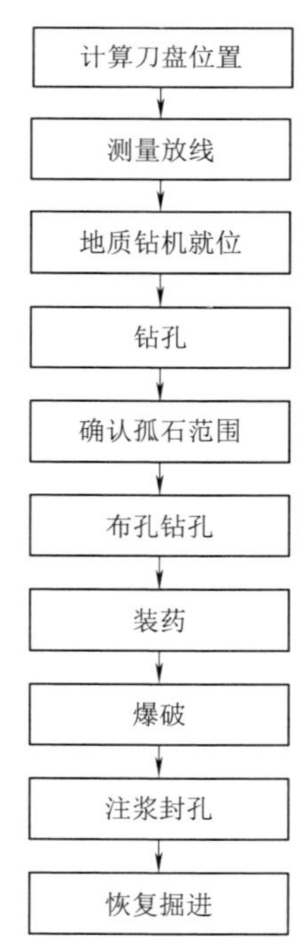

图 4.4－3　定向爆破孤石处理施工工艺流程

控制振速分两个阶段进行爆破，第一阶段选择远离刀盘、临空面范围大的位置；第二阶段选择岩石平均厚度不大，靠近刀盘的孔位。爆破孔位布置图如图 4.4－4 所示。根据取芯长度并延长 50 cm 确定孔深，岩石顶部 40～50 cm 预留填充砾砂或细砂。

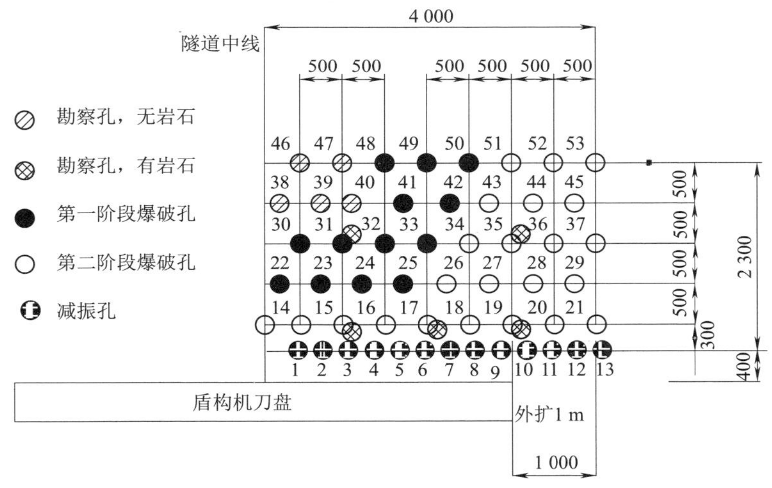

图 4.4－4　爆破孔位布置图(单位：mm)

2. 钻孔施工

(1)钻孔施工工艺流程

地质钻孔施工工艺流程如图 4.4－5 所示。

(2)钻孔要求

钻孔定位：钻孔原则上按图纸进行定位，孔位偏差不大于 1 cm，若受建构筑物、地下管线、交通及地形等条件影响无法施工，应及时通知相关部门商议调整。

钻孔操作：做好泥浆围挡措施，严禁直接排入市政管道。钻孔垂直偏斜率小于 1%，钻孔深度须按要求钻至隧道底，钻探过程中遇到孤石须钻穿孤石体。钻探操作包括钻具规格、回次进尺、岩芯采取率、编录等。复杂地层与特殊条件下钻探操作应执行《工程地质钻探规程》规定。仔细鉴定岩芯，按《城市轨道交通岩土工程勘察规范》要求进行。准确记录钻探进尺、不同岩性的分层厚度和采样位置。

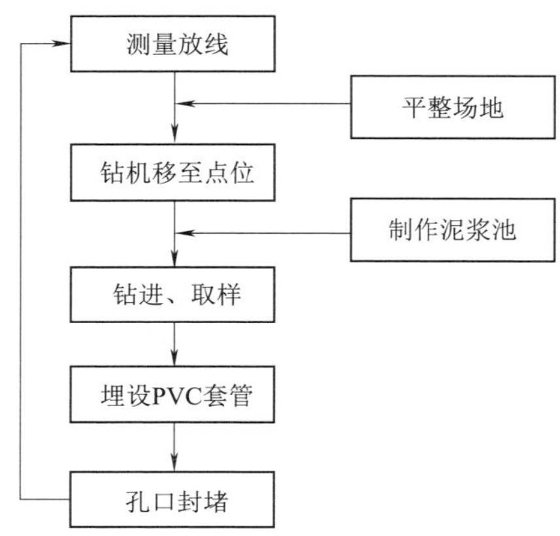

图 4.4－5　地质钻孔施工工艺流程

爆破孔布置分两阶段，第一阶段爆破孔分布如图 4.4－6 所示，爆破孔岩石深度如图 4.4－7、图 4.4－8 所示；第二阶段爆破孔分布如图 4.4－9 所示，爆破孔岩石深度如图 4.4－10、图 4.4－11 所示。

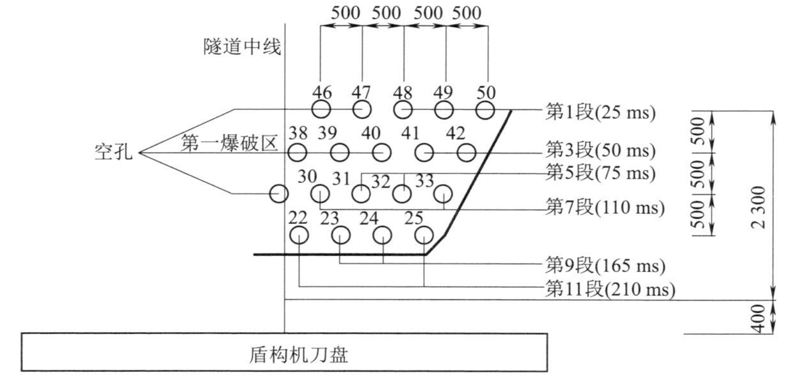

图 4.4－6　第一阶段爆破孔分布(单位:mm)

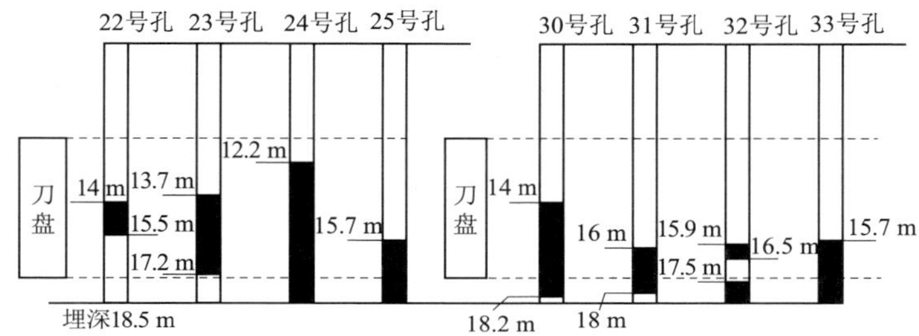

图 4.4－7　第一阶段爆破孔岩石深度(5、7、9、11 段)

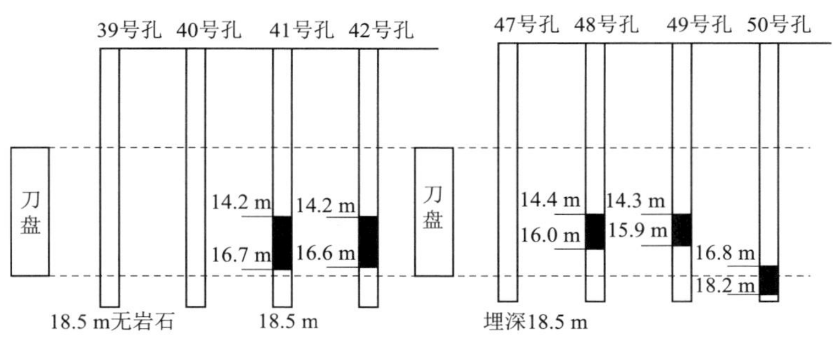

图 4.4－8　第一阶段爆破孔岩石深度(1、3 段)

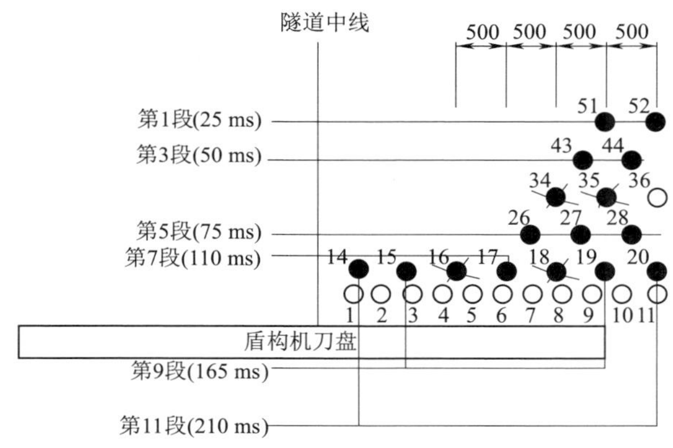

图 4.4－9　第二阶段爆破孔分布

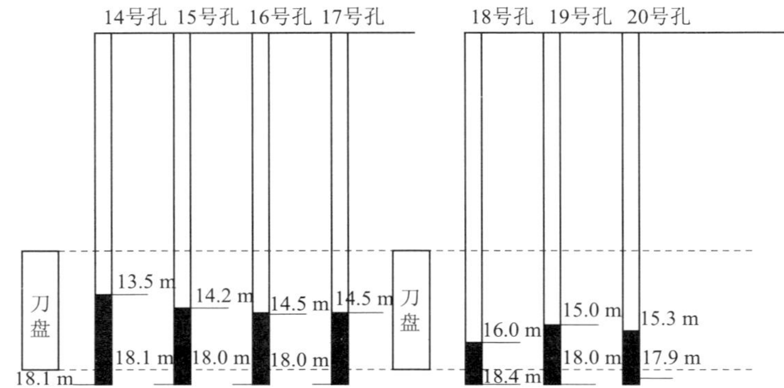

图 4.4－10　第二阶段爆破孔岩石深度(7、9、11 段)

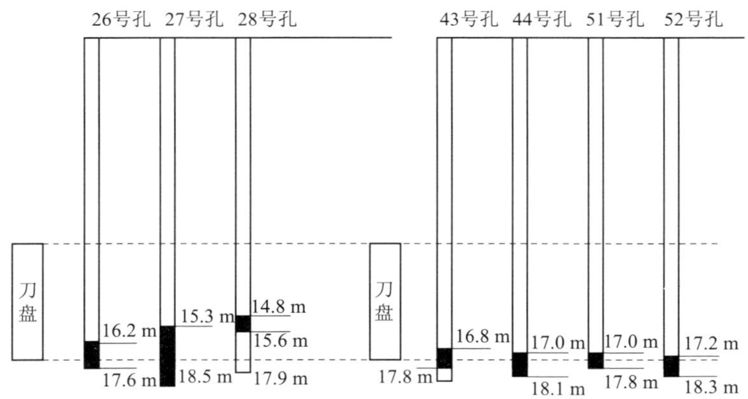

图 4.4－11　第二阶段爆破孔岩石深度(1、3、5 段)

3. 炸药量选用

炸药选用 ϕ32 mm 单卷 0.2 kg 乳化炸药。为防止成孔过程中，有碎渣、泥土掉落孔底，岩石钻孔一般低于隧道底面 1 m。底部药卷位置由隧道底开始布置。底部 3 条 0.2 kg 炸药，其余为 2 条 0.2 kg 炸药，间距 30 cm，固定在竹片上放置在孔内。以岩石厚度 3.5 m 处为例，此孔共需药量为 2 kg。使用导爆索进行药卷连接，顶端炸药上部进行炮泥封堵，地面以下 1 m 孔内填充细砂，引线引出至地面起爆器。炮孔装药结构如图 4.4－12 所示，第一阶段炸药分布如图 4.4－13～图 4.4－16 所示。

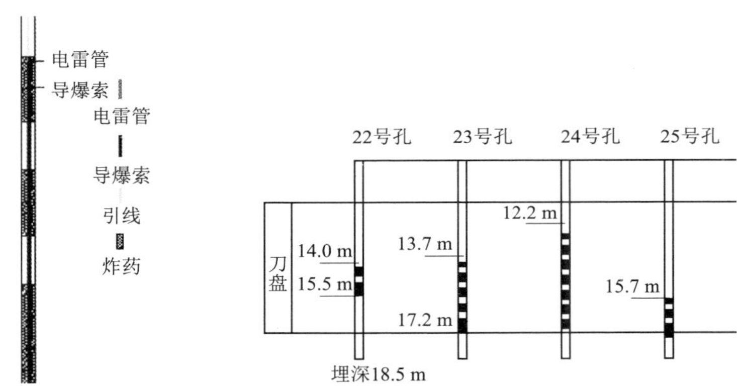

图 4.4－12　炮孔装药结构　　　图 4.4－13　第一阶段炸药分布(一)

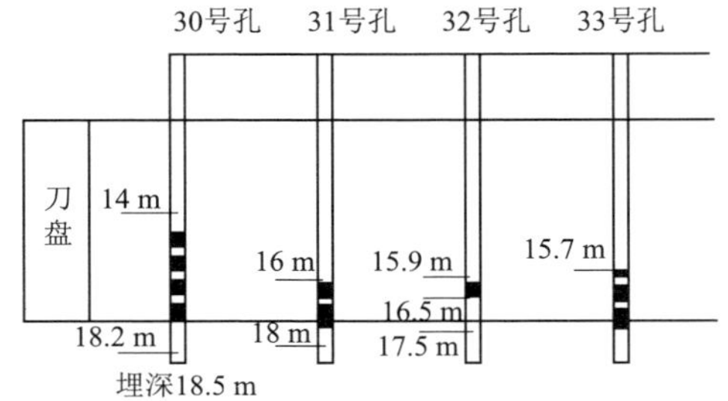

图 4.4－14　第一阶段炸药分布(二)

4. 爆破顺序

如图 4.4－17 所示，先施工减振孔，随后分两次爆破。圆内为第一次爆破区域，此区域的地质为砾质黏性土，临空面范围广，并且冲击后座力方向在临空面反方向，不会直接垂直刀盘。第一区域完成后，可取芯分析爆破效果，调整炸药用量和安放间距。

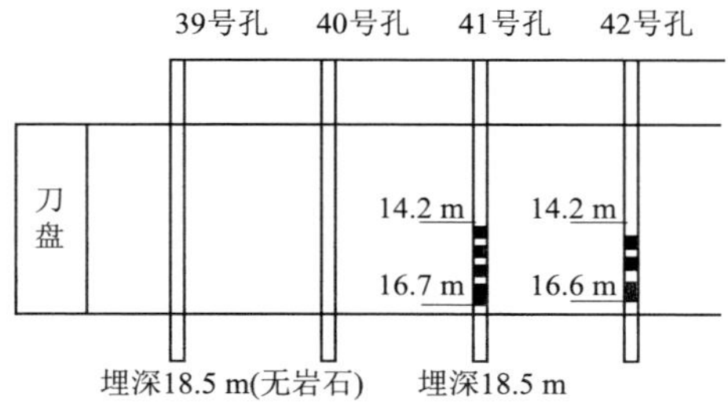

图 4.4-15　第一阶段炸药分布(三)

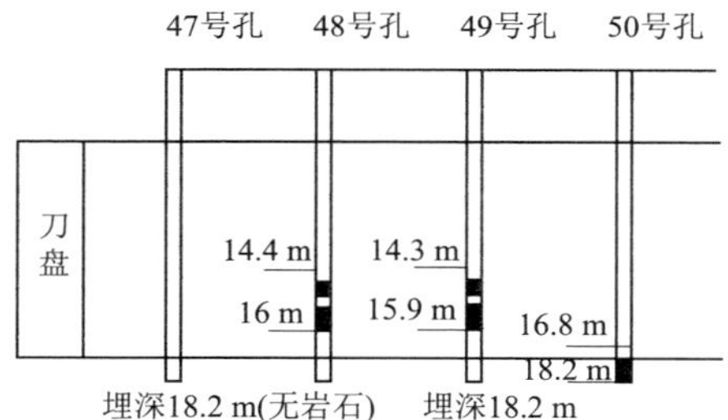

图 4.4-16　第一阶段炸药分布(四)

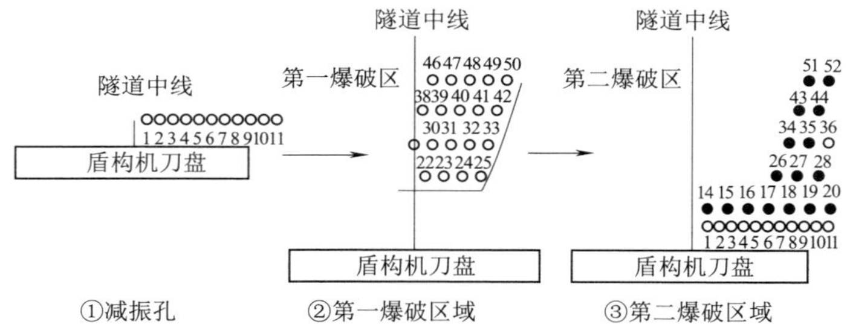

图 4.4-17　爆破顺序示意图

5. 施工要点

(1)孤石钻探的岩石厚度确认:为精确计算装药量,合理布置乳化炸药药卷。每个孔位必须取芯,确认每个孔位的岩石厚度。

(2)钻孔与 PVC 套管间隙填充:PVC 套管直径为 90 mm,钻孔孔径为 130 mm。用细砂进行填充密实。

(3)分区分段爆破与盾构机主控室实时联络:土舱内注入膨润土建立土压,在起爆前 5 min,地面控制室通知盾构机长回收油缸 5～10 mm,起爆时盾构机长记录土压传感器反应数值,以备数据分析。

(4)药卷连接采用导爆索:防止因使用电雷管为起爆产生盲炮、哑炮,所以采用导爆索。

(5)爆破后封孔:防止恢复掘进时土舱压力击穿爆破孔,无法达到土压平衡状态导致地面塌陷。对爆破完成后的每个孔位逐一检查,使用水泥净浆封孔。

6. 处理效果

爆破后进行地质钻机取芯确认,柱状岩芯有明显裂缝,裂缝间距离在 0.2～0.5 m 之间,满足盾构机闸门出渣最大粒径要求。恢复掘进后,盾构机掘进速度为 10～20 mm/min,刀盘总推力下降至 1 700 t,在掘进 6 h 后,完成管片拼装两环,共 3 m,顺利通过孤石。

4.4.4 技术要点及社会经济效益

1. 技术要点

针对紧贴盾构机刀盘孤石爆破,确保设备安全、孤石爆破成功,进行了定向控制爆破与盾构设备参数对比的研究。在深圳地铁 7 号线茶光站—珠光站盾构区间,紧贴盾构刀盘的孤石爆破处理施工技术具有以下特点:

(1)爆破冲击波的冲击力与盾构主轴承最大抗压值的比较,确保盾构设备不被破坏,确定爆破参数。

(2)对孤石进行探查,确定定向爆破方案。

(3)与带压进舱比较避免坍塌风险,与填舱处理比较缩短处理工期、避免开舱风险,与竖井爆破处理比较既缩短工期又节约成本。本工法不仅可以安全有效确保地下连续墙工程质量,缩短了处理孤石的施工周期,提高了工效,还有效降低了盾构施工风险。

该技术适用于复合地质盾构掘进施工中，大直径孤石卡住刀盘，受开舱条件、流砂塌方影响，在地面进行，方便操作，技术成熟可靠，克服了无法带压进舱、地面处理的影响，直接对孤石进行爆破处理。该技术系统地解决了在广深地区孤石地段，设备被孤石卡住，异常停机的现象。解决了富水砂层无法进行地面加固、带压进仓处理孤石的难题，避免了开舱风险，保证设备安全。缩短了工期，降低了成本。实践证明该技术成熟、可靠，经济效益和社会效益显著。

2.经济效益

应用该技术成功地完成了紧贴刀盘高 4 m、平均直径 2 m 孤石爆破施工，降低了处理施工成本。缩短处理工期 69 d，创造产值最低可达 439 万元，取得了良好的经济效益。

3.社会效益

(1)解决了富水砂层紧贴刀盘孤石处理施工技术难题，加快了施工进度，获得了深圳市地铁集团有限公司和深圳地铁 7 号线建设指挥部的高度评价，同时缩短了施工工期，取得了显著的社会效益。

(2)紧贴刀盘孤石定向爆破施工工法技术可靠，经济合理，适用于富水砂层影响下紧贴刀盘孤石爆破处理。

(3)紧贴刀盘孤石定向爆破施工工法扩展丰富了孤石卡刀盘处理的施工工法，显著提高了复杂地质情况下应急处理技术水平。

(4)随着经济的发展，全国各地大中城市掀起了地铁建设的浪潮，但由于各种原因，盾构施工在复合地质情况下安全掘进是影响地铁施工的一个重要问题。通过深圳地铁 7 号线施工，总结并成功应用紧贴刀盘孤石定向爆破施工工法，为将来孤石卡住盾构机应急处理提供了可借鉴和参考的经验，具有显著的社会效益和推广价值。

4.5 小　结

本章介绍了盾构隧道孤石与基岩地段的预处理技术，主要结论如下：

(1)在探明孤石的基础上利用封闭岩体与周边围岩介质的差异

性，采用引孔预裂爆破技术，通过控制性地引孔下药，有效实现基岩及孤石的破碎预处理。深孔控制爆破技术避免大范围揭露和扰动孤石上覆土层，在地下深孔中实现孤石和基岩的爆破，振动与噪声小，成本低，最大限度地降低对周边环境的不利影响，并且在盾构到达之前完成了孤石的破碎，减小了刀具的损耗和施工风险，保证了施工周期和盾构工法的安全性与优越性。

(2)针对地层条件和施工环境选择地质钻机进行钻孔，确定了地质钻机成孔的钻孔方法，成孔质量高，而且判断基岩状况直观明确。

(3)孤石爆破后，在盾构现场施工中再没有开舱处理孤石，渣块均随螺旋机直接排出，对盾构出渣粒径的检查发现爆破后岩石粒径均小于 25 cm；通过对爆破前后盾构主要参数的统计分析发现，爆破前盾构的总推力、扭矩偏大，而掘进速度较小，遇到孤石时的平均掘进速度为 5.79 mm/min 左右，而爆破后总推力和扭矩有了明显的降低，并且掘进速度有了显著的提高，达到了 55.4 mm/min，孤石的控制爆破达到了预期效果。

(4)建立了紧贴盾构刀盘的孤石定向控制爆破技术，实现了保证盾构机设备完好的前提下，根据孤石与盾构机刀盘的相对位置，结合地下爆破区域地质情况，确定定向爆破区段划分，合理选取临空面，控制单区段装药量，对刀盘前孤石进行分区段深孔定向爆破处理。

第5章　孤石地层盾构安全掘进技术研究

5.1 概　述

在孤石地层中盾构机推进，将大大增加盾构机土舱压力、掘进参数、同步注浆、姿态调整和地表沉降的控制难度，并导致刀具磨损加快。由于孤石的埋藏分布及大小是随机的，很难通过地质钻探完全探明其分布情况，不可避免地会增加盾构施工时的困难，所以盾构机刀盘刀具必须具备一定的破岩能力，且盾构刀盘必须具备一定的强度和刚度，确保在碰到孤石时能够安全有效地掘进。同时，为了保证盾构机掌子面的稳定，对于提前探测出来的孤石，要进行预处理，在盾构进行爆破后孤石地层时要进行保压加固处理；而对于掘进过程中遇到的孤石，最好进行开舱人工处理。在孤石地层下盾构掘进过程中，对于刀具要勤检查、勤更换，保证盾构的开挖效能，同时对于带压换刀技术和掘进参数进行研究，保证盾构在孤石地层下的安全掘进。

5.2 桃深区间盾构刀盘配置及参数

5.2.1 盾构的刀盘刀具配置

根据桃源村站—深云站盾构区间的地质情况，刀盘开口率为30%，刀具配置为复合型刀具，如图5.2所示，刀盘刀具配置见表5.2-1。

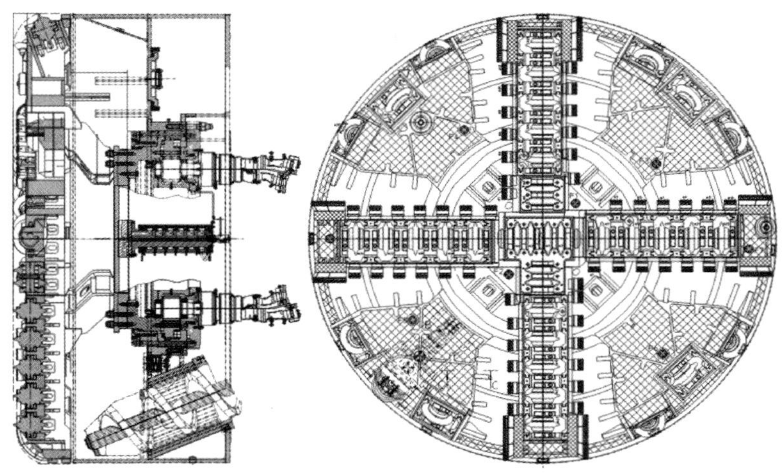

图 5.2　复合型刀盘

表 5.2-1　刀盘刀具配置

项　目	配　置	备　注
形式	装配有滚刀式	
直径	6 280 mm	
旋转方向	左/右	
刀具	采用 18 in 滚刀，配置 8 把中心滚刀(4 把双刃滚刀)，20 把单刃滚刀，边缘滚刀 11 把，52 把刮刀，8 把边刮刀，1 把超挖刀	所有硬岩刀具都可以与齿刀进行更换(软岩刀具)
切削刀盘泡沫注入孔数量	6 个	
中心回转体	1 个	

5.2.2　盾构的技术参数

根据桃深区间地质情况综合判定和市场分析选用海瑞克 S812

盾构机,盾构机技术规格及性能参数见表 5.2－2。

表 5.2－2 盾构机技术规格及性能参数

序号	项　　目	技术规格及性能参数
1	盾构总体参数	
1.1	类型	复合式土压平衡盾构机
1.2	型号	EPB 6250
1.3	公称外径	6 250 mm
1.4	长度	8 540 mm
1.5	盾体(带铰接)	铰接类型
1.6	最小转弯半径	250 m
1.7	爬坡能力	45‰
1.8	工作压力	4.5 bar(1 bar=10^5 Pa,下同)
1.9	掘进速度	80 mm/min
2	刀盘	
2.1	刀盘类型	辐条加面板整体式
2.2	切削直径	ϕ6 280 mm
2.3	驱动方式	液压驱动
2.4	功率	945 kW
2.5	额定扭矩	6 228 kN·m
2.6	最大脱困扭矩	约 7 440 kN·m
2.7	旋转速度	最大转速 4.4 r/min
2.8	开口率	约 30%
2.9	泡沫注入孔数量	6 个
2.10	切削刀	
2.11	刀具	4 把中心双刃滚刀、31 把正面单刃滚刀、52 把刮刀、8 把边缘铲刀、1 把超挖刀
3	主轴承密封	4 道外密封+2 道内密封(唇型)
3.1	主轴承密封工作压力	4.5 bar

续上表

序号	项　　目	技术规格及性能参数
4	推进系统	
4.1	推进油缸	液压油缸
4.1.1	油缸数量	10 个单油缸＋10 个双油缸
4.1.2	油缸型号	ϕ220/180×2 200 mm
4.1.3	总推进力	39 914 kN @ 350 bar
4.1.4	单位推进力	1 330 kN
4.1.5	油缸推进行程	2 200 mm
4.1.6	速度	80 mm/min
4.1.7	管片安装模式下最大伸/缩速度	1 800 mm/min＞ 2 000 mm/min
4.2	推进油缸油泵	
4.2.1	额定压力	≤35 MPa
4.2.2	流量	187 L/min
4.3	铰接系统油缸	
4.3.1	数量	14
4.3.2	行程	150 mm
5	盾尾系统	
5.1	盾尾尾部厚度	40 mm
5.2	密封型式	钢丝刷＋止浆板
5.3	密封排数	3 道钢丝刷和 1 排止浆板
5.4	压注点数量	2×6 注入点
5.5	盾尾密封处的油脂压力	大于 200 bar
6	管片拼装机	
6.1	回转角度	±200°
6.2	驱动方式	液压驱动
6.3	提升能力	120 kN
6.4	提升行程	1 000 mm
6.5	平移行程	2 000 mm

续上表

序号	项　　目	技术规格及性能参数
6.6	控制方式	2套无线遥控带线控电缆及插头
6.7	自由度	6个(3个移动+3个转动)
7	人行气闸系统	
7.1	型式	主副舱式/3+2
7.2	外形尺寸	DN1 600 mm
7.3	工作压力	4.5 bar
8	隧道内管片起重装置	
8.1	结构类型	双轨梁式
8.2	起重能力	2×3 t
8.3	控制方式	遥控
8.4	起重梁长度	约18 m
9	螺旋输送机(轴向可移动式)	
9.1	类型	有轴
9.2	螺旋机内径	DN800 mm
9.3	螺旋的伸缩行程	1 000 mm
9.4	转速及回转方向	22.7 r/min 双向
9.5	驱动系统	液压驱动
9.6	脱困扭矩	224 kN
9.7	最大排土能力	400 m^3/h
9.8	双卸料闸门	液压式双闸门
9.9	注入点	2×4注入点
9.10	可输送的最大粒径	
10	皮带输送机	
10.1	皮带宽度	800 mm
10.2	输送机长度及厚度	厚度12 mm
10.3	皮带速度	2.5 m/s

续上表

序号	项　　目	技术规格及性能参数
10.4	最大输送能力	450 m^3/h
10.5	通过隧道的曲线半径	250 m
10.6	皮带清洁装置	提供 1 个塑料+1 个硬质合金 皮带机刮渣板
11	渣土改良系统	
11.1.1	泡沫注入泵	螺杆泵泡沫注入泵
11.1.2	流量	约 1.4 m^3/h 每个泵
11.1.3	泡沫发生器	6 个泡沫发生器(进口)
11.1.4	泡沫注入口数量	6 个
11.2	膨润土注入泵	1 个螺杆泵
11.2.1	功率	5.5 kW
11.2.2	流量	10 m^3/h
11.2.3	容量	4 m^3
11.2.4	注入点位置	刀盘上 6 个,螺旋输送机内 8 个, 开挖舱内 4 个
12	同步注浆系统	
12.1	泵型号	2×KSP12 活塞泵
12.2	流量	10 m^3/h
12.3	注入口数量	4+4(含 4 个气动球阀开闭)
12.4	储存液箱容量	7 m^3
13	主轴承齿轮油润滑系统	
13.1	润滑型式	自动
13.2	润滑油号及国内替代品牌号	Shell omala F320
13.3	供油泵	柱塞式
13.3.2	流量范围	泵 1　38 L/min 泵 2　29 L/min

续上表

序号	项　　目	技术规格及性能参数
13.3.3	数量	2
14	自动集中润滑脂供给系统	
14.1	润滑型式	集中
14.2	润滑油脂牌号	Shell Alvania
14.3	型号	气体油脂泵
14.4	流量范围	2.3 L/min
14.5	控制方式	自动和手动
15	冷却系统	
15.1	冷却液种类	水冷式
15.2	冷却液泵	离心泵
15.2.1	数量	1
15.2.2	最大压力	10 bar
15.2.3	最大流量	30 m^3/h
16	电力电器系统	
16.1	变压器	2 000 kVA
16.2	电压	10 000 V
16.3	电流	2 800 A
17	后续台车	
17.1	轮子直径	≥300 mm
17.2	数量(台)	5 节台车
17.3	台车连接总长	约 70 m
18	自动导向测量装置	精度 2″
18.1	型号	VMT TUNIS
19	总功率	1 479 kW

通过盾构刀盘的刀具配置和技术参数可以看出,此盾构机具备了一定的破岩能力,能够满足在孤石与基岩地层中的直接掘进要求。

5.3 盾构刀盘刀具及破岩机理

5.3.1 盾构刀盘刀具

由于深圳地铁7号线桃深区间地层为典型的复合地层，所以盾构选型为复合盾构，其主要参数为刀盘直径为 ϕ6 280 mm，最大转速为4.4 r/min，额定扭矩为6 228 kN·m，刀具配置为4把18 in中心双刃滚刀、31把18 in正面单刃滚刀、52把刮刀、8把边缘铲刀、1把超挖刀。其中滚刀主要用来破碎地层中的岩石，而刮刀主要用来切削地层中的岩土，该盾构刀盘滚刀、刮刀和边缘铲刀的组合配置方案，既能够有效地开挖淤泥、砂土、黏土，又能够适应全、强、中、微风化岩等，能够应对复合地层，实现盾构在复合地层中的开挖。

(1)盘形滚刀：盘形滚刀适用于硬岩地层，目前常用的滚刀主要有单刃滚刀和双刃滚刀，其结构如图5.3-1所示。

(2)刮刀(齿刀或切削刀)：适用于软土及泥岩地层，布置在刀盘开口两侧，是一般地层的主要切削刀具，刮刀的结构如图5.3-2所示。

图5.3-1 单刃滚刀和双刃滚刀

图5.3-2 刮刀(齿刀或切削刀)结构

(3)先行刀(或超前刀)：布置在面板和辐条上、刮刀切削轨迹之间，先行刀通常比刮刀高40～50 mm，不起直接切削作用，用于先行松动原始地层，减小刮刀切削阻力，降低其磨损。先行刀的工作原理示意图如图5.3-3所示。

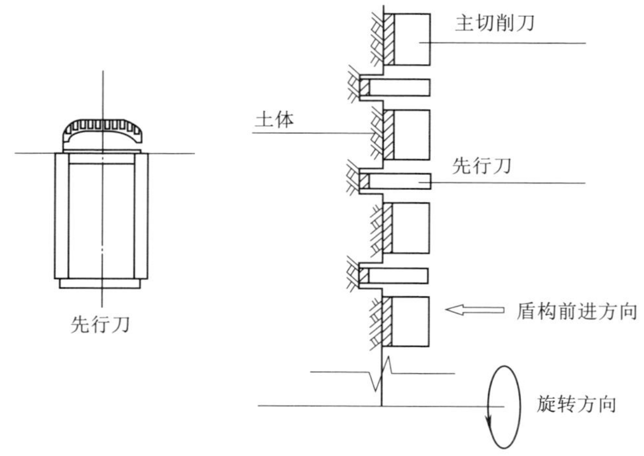

图 5.3-3　先行刀工作原理示意图

(4)边缘铲刀:可视为周边先行刀,用于周边为弧形或折角形式刀盘,切削外径稍大于盾体外径,减小盾构推进阻力,防止刀盘磨损,同时清理刀盘底部土渣,提高掘进效率,同时还参与直接切削,在岩石地层中可用于刮渣,边缘铲刀主要用于校准盾构的开挖直径。边缘铲刀的结构如图 5.3-4 所示。

(5)超挖刀(仿形刀):置于刀盘辐条内,液压油缸控制行程,普通地段不工作,曲线施工时刀头伸出进行超挖及盾构姿态的调整。超挖刀的结构如图 5.3-5 所示。

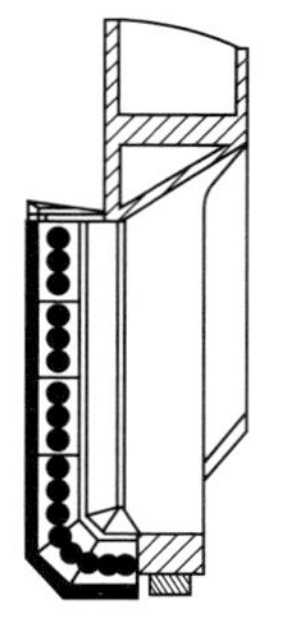

图 5.3-4　边缘铲刀(刮刀)结构

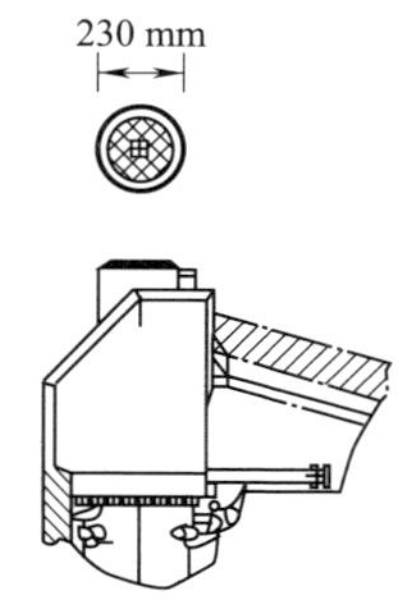

图 5.3-5　超挖刀结构

5.3.2　主要刀具的破岩机理

1. 滚刀的破岩机理

在隧道开挖的过程中，掘进机的推进油缸产生推力，推动刀盘上的滚刀压入岩石，刀盘旋转带动滚刀旋转，使滚刀对掌子面的岩石进行连续滚压破坏。盘形滚刀在刀盘推进和旋转的过程中与岩石相互作用，在滚刀上作用有垂直力和滚动力，在垂直力和滚动力的作用下对岩石产生挤压、剪切和拉裂等综合作用，在适当滚刀间距下，相邻滚刀间的岩石内裂纹延伸并相互贯通，形成岩石碎片而崩落，盘形滚刀完成一次破岩过程。

单把滚刀破岩机理示意图如图 5.3－6 所示。多把滚刀的破岩机理示意图如图 5.3－7 所示。

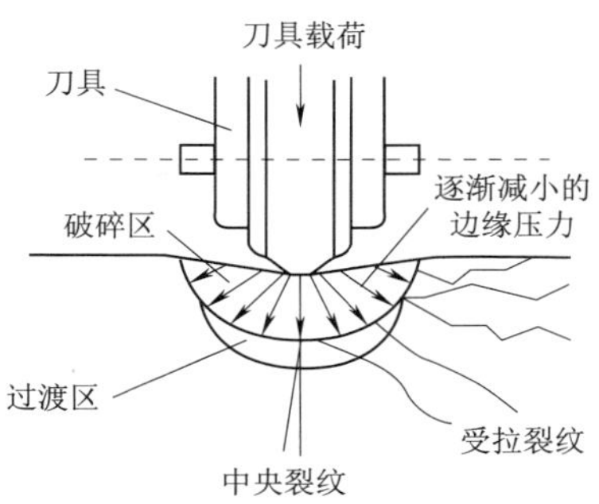

图 5.3－6　单把滚刀破岩机理示意图

滚刀压痕试验表明，单把盘形滚刀破岩当荷载由小到大逐步增加的方式进行，滚刀侵入岩石并形成破碎岩块主要由以下几个阶段组成：

(1)岩石弹塑性变形阶段：外载荷做功全部转为变形能而储存于岩石内。

(2)裂纹源出现阶段：接触面下方出现裂纹源，接触边缘外出现拉应力，形成赫芝裂纹。

(3)粉核(承压核)形成阶段:裂纹源扩展,形成球形岩粉体。

(4)粉核储能阶段:载荷功主要转为粉核变形能。

(5)径向裂纹和粉劈阶段:粉核膨胀,使包围粉核的岩石产生拉应力,继而形成径向裂纹,粉流楔入径向裂纹,劈开岩石,出现跃进式破岩。

(6)卸载阶段:滚刀突然卸载,储存于岩石内的应变能和粉核变形能释放,压应变改为拉应变,形成环状裂纹,同时大部粉核变形能转为动能,将破碎体抛出漏斗坑。

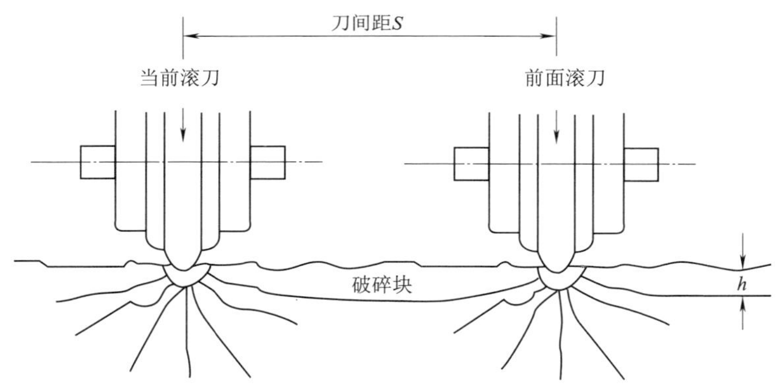

图 5.3-7　多把滚刀破岩机理示意图

在盘形滚刀垂直推压力作用下,有关岩石破碎块的形成机理存在卸载理论、拉破坏理论、剪破坏理论等多种理论。目前,滚刀破岩采用何种机理尚无定论,不过一般认为不同的破坏理论与岩石类型、盘形滚刀几何参数及掘进参数有关。剪切破坏理论比较适合楔形滚刀,而近似常截面滚刀则采用拉、剪组合破坏理论。

盾构刀盘旋转推进过程中,盘形滚刀对掌子面岩石产生挤压、剪切、拉裂等综合作用,首先刀刃下方的岩石发生破碎,进而粉碎岩石被压密形成密实核,密实核将压力传递给周围岩石,使其产生径向裂纹,当一条或多条裂纹向刀刃侧向延伸,到达自由面,就形成岩石破碎片,如图 5.3-6 所示。

考虑多把盘形滚刀共同工作时，相邻盘形滚刀间具有一定的刀间距，受盘形滚刀的挤压作用，相邻盘形滚刀间的岩石辐射状拉张裂纹发生交汇，形成岩石破碎块，从而实现破岩，如图 5.3-7 所示。

2.刮刀的切削机理

刮刀的基本切削过程是刮刀通过刀刃的切削作用和前刀面的推挤作用使得被开挖土体产生应力与变形。其中刀刃的切削作用使得切削层土体的应力超过土体的强度，使切削层土体沿刀刃方向产生分离。前刀面的推挤作用使得已分离的土体产生变形而与母体分离形成土屑。土屑再随刮刀正面进入开口，因此刀具既有切削的功能也有装载的功能。

切削区土体的变形可分为三个变形区域，如图 5.3-8 所示。

第一变形区域Ⅰ：指靠近前刀面的切削层在刀具的挤压作用下产生的变形，对塑性材料而言，主要是沿剪切面的滑移变形。

第二变形区域Ⅱ：指切屑在流出过程中与前刀面之间产生的挤压摩擦变形。

第三变形区域Ⅲ：指近切削刃处掌子面面内产生的变形区。这一变形区主要是由于刮刀钝圆部分和后刀面对掌子面产生挤压、摩擦而产生的。

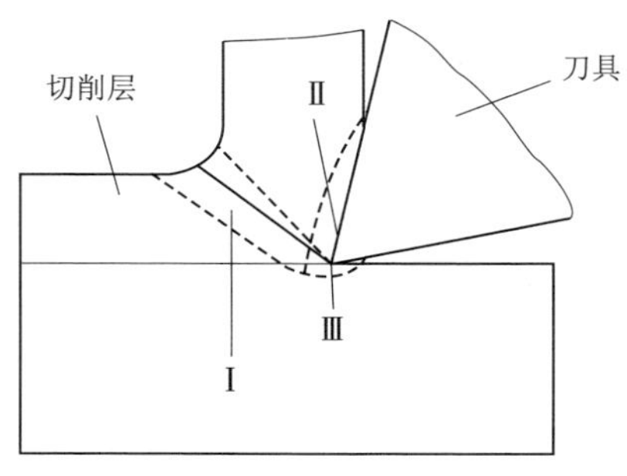

图 5.3-8　切削区土体变形

刮刀切削时渣土破坏形态与地层性质、刀具参数前、后角、切削厚度等有关,已有学者将常见的渣土流动破坏形态与刮刀切削机理相对应,概括为四种:流水型切削;剪切型切削;断裂型切削;剥落型切削,如图 5.3-9 所示。

图 5.3-9 四种不同切削机理

流水型切削主要发生在淤泥地层、富水黏土、粉土地层及粉细砂地层,地层强度低,随刮刀的运动,土体从刀刃起产生连续的剪切变形,渣土沿刀具前刀面连续流动。该工况下刀具切削阻力很小、稳定,刀具主要发生正常磨损,不易崩刃,寿命长。

剪切型切削主要发生在强度相对较高的黏土、粉土地层,刀具前角减小会加大这种趋势,由于地层强度相对较高,切削时土体先产生压缩变形,进而从刀刃起沿某平面产生剪切变形并破坏脱落。

断裂型切削为剪切型破坏的进一步发展形态,发生在含水率小、强度更高的黏土、粉土地层及充填较好、胶结强度高的砾砂地层,切削时土体先产生压缩变形并保持一定的稳定,随切削进行,土体在刀刃处产生裂纹并破坏,所形成渣土呈小块状。该工况下作用于刮刀的切削阻力呈脉动状态,引起刀盘甚至盾体振动,该类地层盾体与地层摩擦阻力通常较小,易导致盾构发生旋转。

剥落型切削发生在普通砾砂和砂卵石地层,土体黏聚力小,颗粒粒径大,刀具较少进行真正意义上的切削,而是将颗粒从原始地层中剥离出来,故刀刃合金易崩裂。

土体流动破坏形态与发生破坏时的力学状态有关。其中流水型、剪切型、断裂型属于剪切变形造成的塑性破坏,剥落型属于拉伸变形造成的脆性破坏。渣土的流动形态会随土质、切削角度、切削速度或切削厚度变化而转变。土的含水率低时，若提高切削速度，土体会由断裂型破坏向流水型破坏转变；刮刀的切削角增大（前角减小）或切削厚度增大时，土体会由流水型破坏向断裂型破坏转变。

5.4　基岩与孤石地层下刀盘的有限元分析

5.4.1　刀盘受力分析

在盾构推进过程中，刀盘主要受到土层产生的反作用力 F 与反扭矩 T；刀盘周边的土压力与水压力；刀盘自重 G。刀盘受力情况如图 5.4-1 所示。

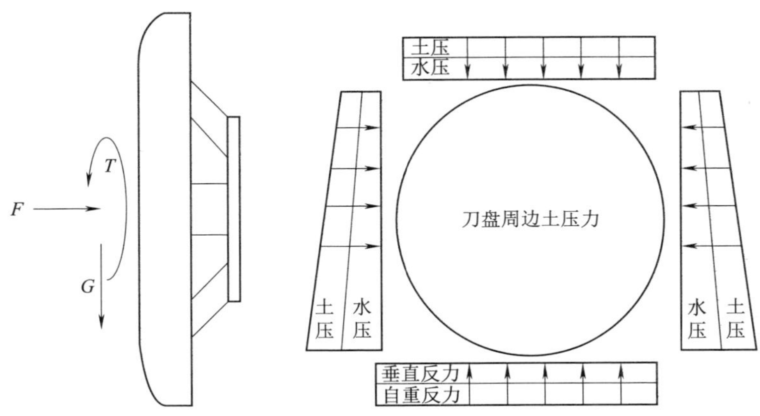

图 5.4-1　刀盘受力示意图

在以上 4 种力中，刀盘的结构确定以后，重力 G 是恒定不变的；土层产生的反作用力 F 和反扭矩 T 则随着刀盘工况变化而变化；由于选用的是面板式刀盘，刀盘周边压力 Q 主要对于刀盘径向的变形有影响，根据多年的施工经验，对于刀盘这样有一定厚度的箱型焊接结构来说，影响微乎其微，所以在计算刀盘受力时，可以忽略不计。

5.4.2 推力和扭矩计算

由于盾构刀盘推力和扭矩的理论计算十分复杂,所以不进行盾构的详细设计,而是采用经验公式的方法进行简化计算,求得装备扭矩与推力。

对于复合地层盾构,刀盘装备扭矩 T 可以按照如下经验公式计算:

$$T=\alpha D^3 \tag{5.4-1}$$

式中 T——刀盘的装备扭矩;

α——刀盘的扭矩系数;

D——刀盘直径。

对于土压平衡盾构,α 取值范围为 15～23。在同样的地质条件和隧道条件情况下,小直径盾构取大值,大直径盾构取小值。桃深区间盾构为土压平衡式盾构,刀盘外径 6.28 m,取扭矩系数为 20,经计算得装备扭矩 T=4 953 kN · m。

装备推力计算的经验公式:

$$F_j=\beta D^2 \tag{5.4-2}$$

式中 β——经验系数;

D——刀盘直径。

复合地层下 β 取值为 $\beta_1=500$,$\beta_2=1\ 200$,则装备推力 F 的取值范围 19 719～47 326 kN。一般在施工过程中刀盘上的推力是装备推力的一部分,根据桃深区间盾构实际施工时的掘进数据,施工过程中盾构的最大扭矩为 4 700 kN · m,最大推力为 20 000 kN,本设计中取刀盘推力范围为 10 000～20 000 kN。

5.4.3 刀盘模型的建立

1. 刀盘结构分析

本模型盾构刀盘为主副梁结构面板型,整个刀盘采用焊接结构,主体是由 4 块面板与 4 根辐条组成的,在面板之间的辐条,很大程度上强化了结构的强度与刚度，而辐条之间采用的是圆形筋板连接。刀盘面板厚度为 660 mm，刀盘直径为 6.28 m，刀盘面板开口率约为 30%。为了满足不同地层的掘进需求，辐条上装有盘形滚刀与刮刀。整个刀盘上共有 45 把滚刀和 56 把刮刀。刀盘为中间支撑方式，通过牛腿传递推力与扭矩，采用变频电机驱动，通过法兰与主驱动进行连接。刀盘结构如图 5.4－2(a)所示。

2. 刀盘有限元模型的建立

在 Solidworks 软件中建立刀盘的三维实体模型，如图 5.4－2(a)所示。为降低有限元分析时间，对结果影响不大的结构进行简化处理，然后将三维实体模型导入 Ansys workbench 软件进行有限元分析。接触设置为 Bonded(绑定)，忽略间隙与穿透，接触区域无滑移。刀盘、牛腿和法兰采用四面体单元，采用 Ansys workbench 中的 Tetrahedron(四面体)以及人工控制网格密度完成网格划分，刀具单元格采用自动划分。网格划分结束后，施加相应的载荷和位移约束条件，生成刀盘的有限元模型，有限元模型中网格参数：单元数 182 492个，节点 317 101 个。刀盘有限元模型如图 5.4－2(b)所示，刀盘材料参数见表 5.4－1。

表 5.4－1　刀盘材料参数

材料	密度(kg/m^3)	弹性模量 E(MPa)	泊松比 μ
Q345b	7 850	210	0.3

3. 刀盘载荷与约束

静力分析时，在均一地层下将地层对刀盘的反力以均布压力的方式施加于刀盘正面，而上软下硬地层与孤石地层工况下将地层对刀盘的反力进行分别加载，硬岩部分施加较大载荷，而软土部分施加较小载荷，将反扭矩等效成作用于刀盘外径的一对集中力，施加竖向重力加速度，对法兰施加全向约束；模态分析时，对法兰施加全向约束。

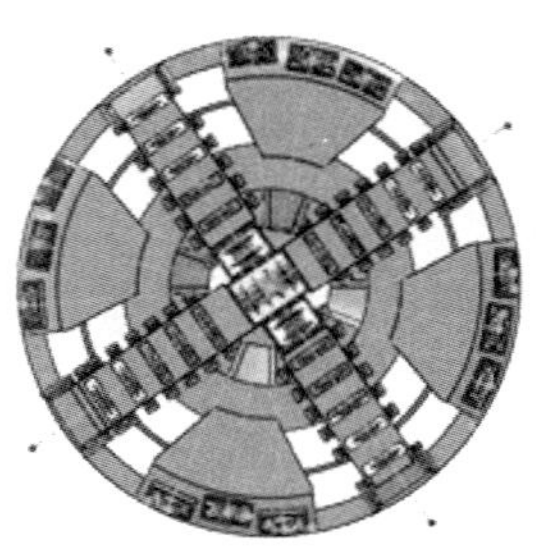
（a）盾构刀盘实体模型

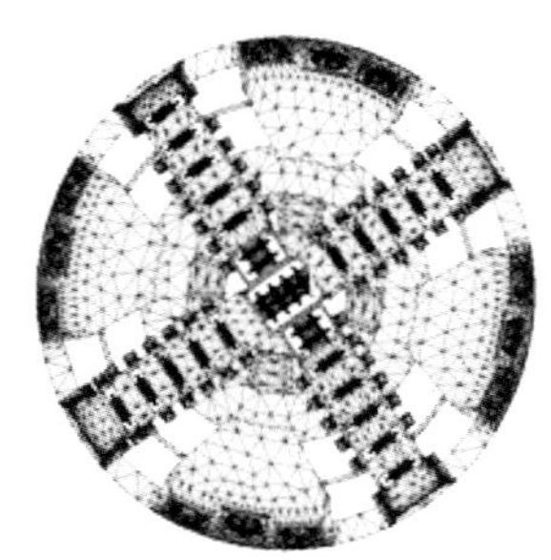
（b）盾构刀盘有限元模型

图 5.4－2　盾构刀盘模型

5.4.4　刀盘的静力分析

在深圳地铁 7 号线复合地层施工过程中，刀盘会遇到各种不同的地质情况，其中最困难的工况为存在基岩突起的上软下硬地层和孤石地层，下面对这两种典型工况下的刀盘进行有限元静力分析。

1. 基岩突起的上软下硬地层

区间盾构通过的不利地层主要为上软下硬的复合地层，施工比较复杂。隧道顶层多为砾质黏性土，底层多为强风化花岗岩及全风化花岗岩，部分为中风化花岗岩及微风化花岗岩。盾构掘进通过此类的软弱不均匀地层时施工困难。

上软下硬地层工况下刀盘上表面受到的来自掌子面的压力小于下表面受到的压力。在此工况下对于刀盘受到压力采用控制变量法来加载，即通过改变均匀受力的一半面的压强来观察不平衡受力对刀盘的影响。在这里分别对载荷为 18 000 kN(上下面受力均匀)、17 000 kN(上面压力为 8 000 kN 下面 9 000 kN)、16 000 kN(上面压力 7 000 kN 下面压力 9 000 kN)、15 000 kN(上面压力 6 000 kN 下面压力 9 000 kN)、14 000 kN(上面压力 5 000 kN 下面压力 9 000 kN)来观察不同程度的上软下硬地层对刀盘的影响，通过分析得出刀盘在上软下硬地层中的受力情况如下：

刀盘在均一地层中受到 18 000 kN 推力时的应力与应变云图如图 5.4－3 所示。

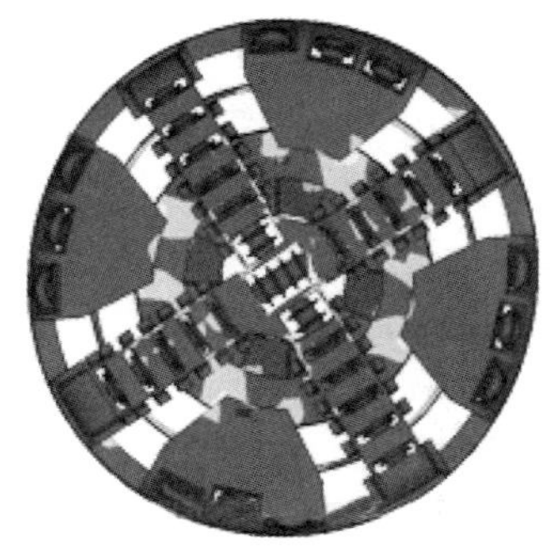
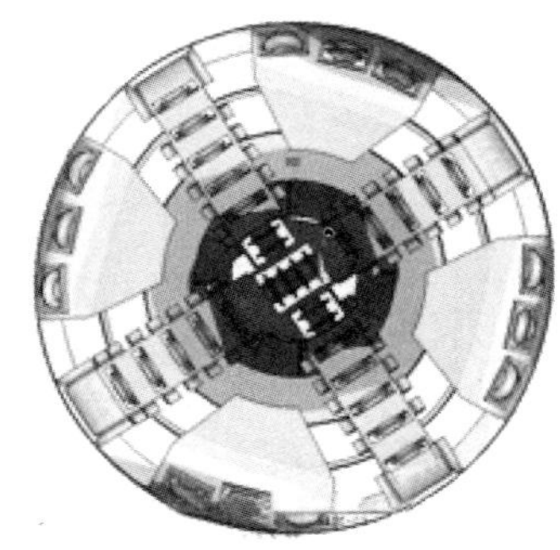

图 5.4－3　载荷 18 000 kN 时盾构刀盘的应力与位移分布云图

刀盘在上软下硬地层中上表面受到的压力为 8 000 kN，下表面的压力为 9 000 kN 的情况下刀盘的位移与应变云图如图 5.4－4 所示。

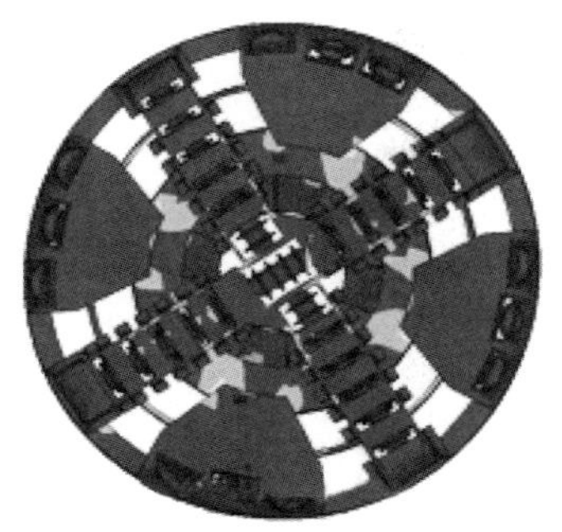
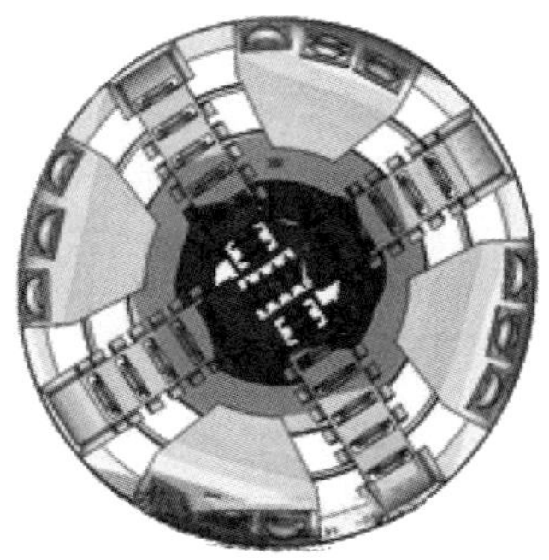

图 5.4－4　载荷 17 000 kN 时盾构刀盘的应力与位移云图

刀盘在上软下硬地层中上表面受到的压力为 7 000 kN，下表面的压力为 9 000 kN 的情况下刀盘的位移与应变云图如图 5.4－5 所示。

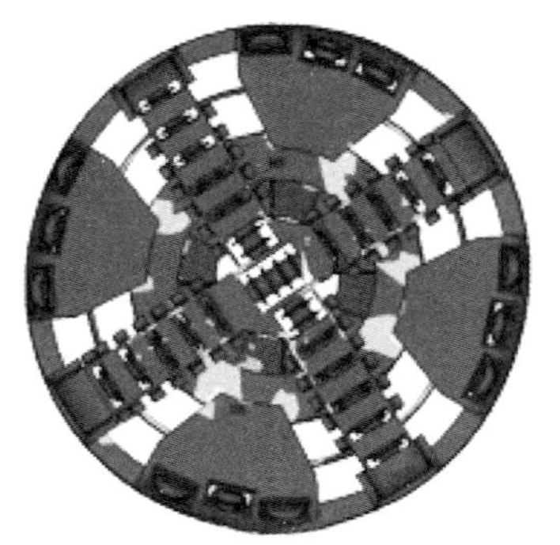
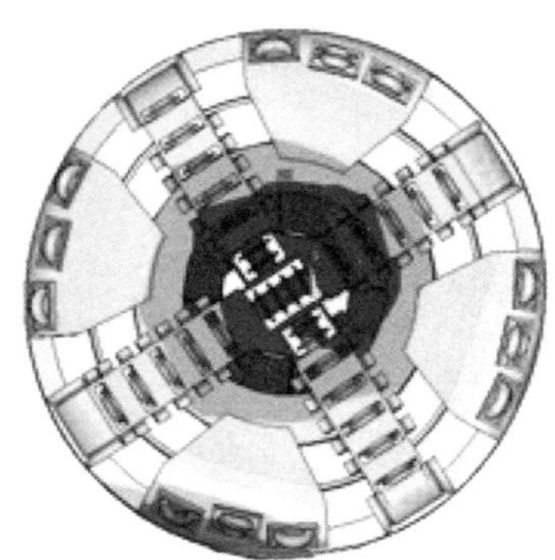

图 5.4-5　载荷 16 000 kN 时盾构刀盘的应力与位移云图

刀盘在上软下硬地层中上表面受到的压力为 6 000 kN,下表面的压力为 9 000 kN 的情况下刀盘的位移与应变云图如图 5.4-6 所示。

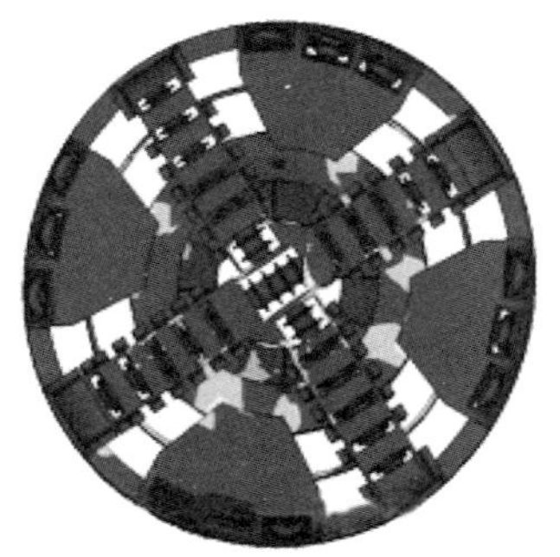

图 5.4-6　载荷 15 000 kN 时盾构刀盘的应力与位移云图

刀盘在上软下硬地层中上表面受到的压力为 5 000 kN,下表面的压力为 9 000 kN 的情况下刀盘的位移与应变云图如图 5.4-7 所示。

刀盘在上软下硬地层中的应力与位移情况见表 5.4-2。

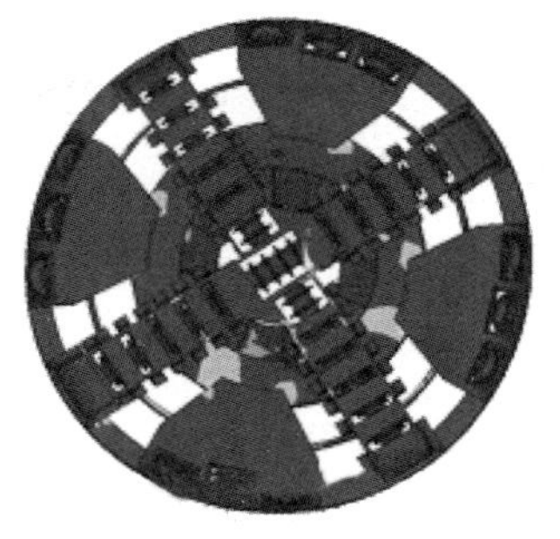
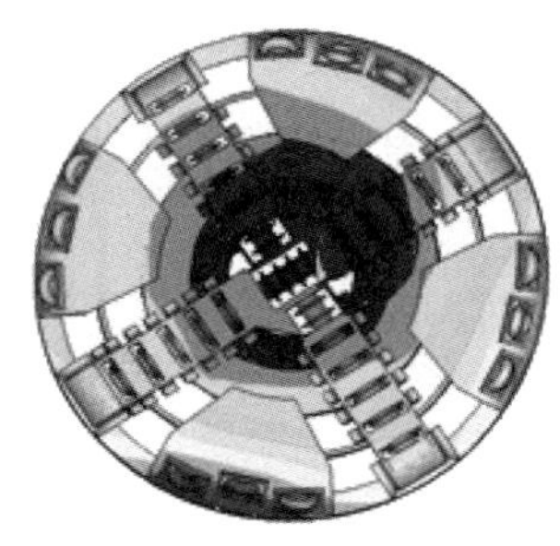

图 5.4－7　载荷 14 000 kN 时盾构刀盘的应力与位移云图

表 5.4－2　上软下硬地层下刀盘的应力和位移分析结果

载荷(kN)	18 000	17 000	16 000	15 000	14 000
最大位移(mm)	2.121	2.154	2.230	2.306	2.382
最大应力(MPa)	238	239	240	240	266

由表 5.4－2 的分析结果可以看出随着刀盘上表面受到压力的不断减小，刀盘的最大位移与最大应力都在不断的增大，而且刀盘的最大位移与最大应力随着刀盘上下部分的压力差值的增大而增大。当两个面上的推力相差不是太大时，刀盘的应力与位移的变化不是太明显。这是因为当上下两个面受力不一样时会产生倾覆力矩，而两个面的推力相差越大倾覆力矩也相应的变得越大，这就使得刀盘的位移与应力变得越大。在实际施工的时候上下表面的推力差正常情况下是不会超过 4 000 kN 的。当隧道洞内存在基岩突起，上下表面的压强相差太大的时候，就必须对基岩进行预处理以改善土层条件，使得上下面的压强相差不大。而在这种工况下的时候刀盘的最大推力为 266 MPa，小于材料的屈服极限 345 MPa，满足材料的强度要求。最大位移为 2.382 mm，该型号刀盘在正常情况下的位移在允许范围内，所以该刀盘满足刚度要求。

2. 孤石地层

在盾构法隧道施工过程中，可能遇到随机分布的孤石，且孤石形状大小各异、强度不一，而孤石使隧道内岩土层软硬不均。地层中的孤石作用在刀盘的一个很小的面上，掘进时遇到这种情况一般会降低刀盘的掘进速度，这就使得刀盘受到的推力会降低。在这里假设孤石对刀盘的推力为 270 t，其他面的推力为 8 000 kN。刀盘的受力与位移如图 5.4－8 所示。

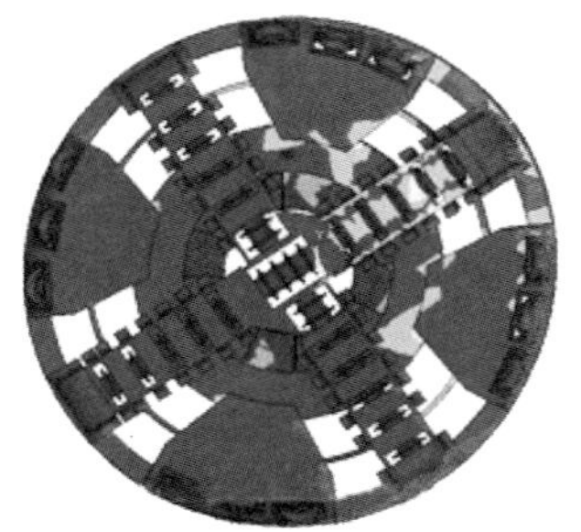

图 5.4－8　盾构刀盘在孤石情况下的应力与位移云图

由图 5.4－8 可以看出：刀盘的应力集中在靠近孤石与刀盘的中心位置的交界处，牛腿与刀盘的中心位置的交界处，牛腿本身的拐角处，还有孤石作用的挡板上。越靠近孤石的面受到的应力就越大，而离孤石较远的位置受到的应力也相对较小。由有限元分析的结果可知，刀盘在此种工况下最大的应力为 262 MPa，小于材料的屈服极限 345 MPa，刀盘的最大位移发生在孤石的位置，最大位移为 4.256 mm，满足强度与刚度的要求。

在孤石地层工况下减小刀盘推力进行施工，通过分析在此工况下最大推力为 10 700 kN，若是继续增加推力该刀盘的最大应力与位移就将变得特别的大，使得刀盘不能正常工作。对推力为 12 000 kN 时的刀盘进行仿真分析，此时最大应力为 290 MPa，最大位移为 4.718 mm。此时已接近刀盘材料的屈服极限，刀盘存在较大的安全隐患。刀盘在该推力的作用下静力分析结果如图 5.4－9 所示。

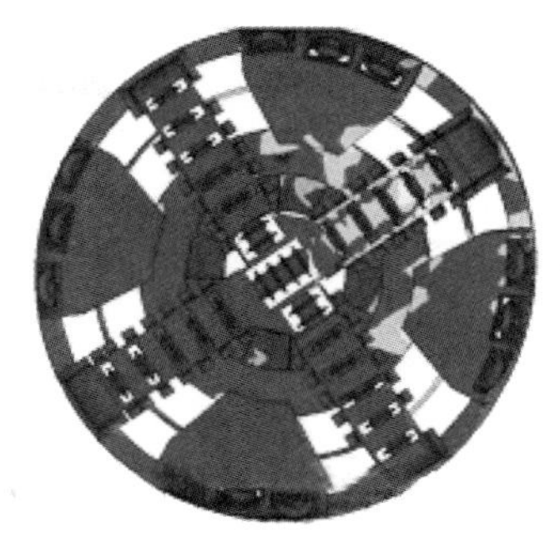
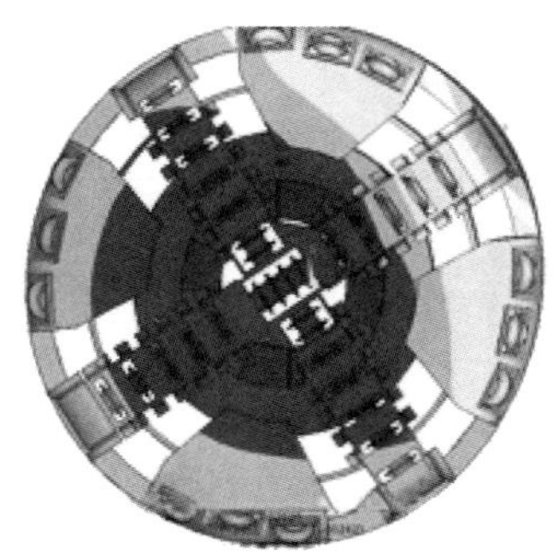

图 5.4-9 孤石工况推力为 12 000 kN 时的应力与位移云图

5.4.5 盾构刀盘的模态分析

模态分析对刀盘进行的约束是将法兰盘的后面进行位移全约束。在本次分析中是对盾构刀盘前 6 阶模态的振型分析，分析结果如图 5.4-10 所示。

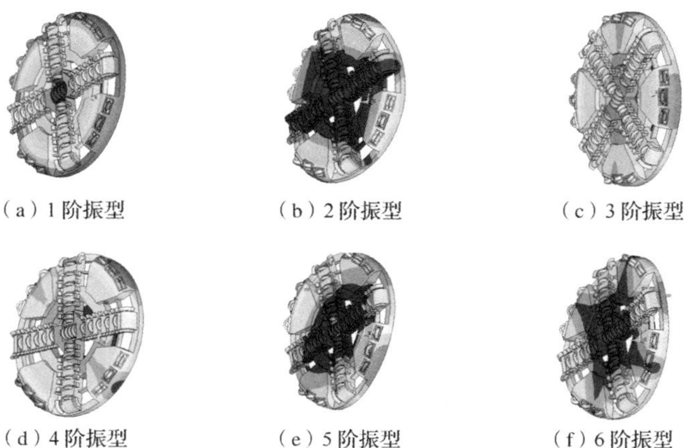

(a) 1 阶振型　(b) 2 阶振型　(c) 3 阶振型

(d) 4 阶振型　(e) 5 阶振型　(f) 6 阶振型

图 5.4-10 盾构刀盘的振型云图

通过对刀盘进行模态分析得出刀盘的固有频率和振型的主要结

果见表 5.4－3。

表 5.4－3　模态分析结果

阶数	1	2	3	4	5	6
固有频率（Hz）	39.786	40.029	45.958	54.450	55.652	58.993
振型	绕 Y 轴扭转	绕 X 轴扭转	绕 Z 轴扭转	X 轴两侧刀盘同时绕 X 轴向上或向下扭转	Y 轴两侧刀盘同时绕 Y 轴向上或向下扭转	过 X 与 Y 轴中心且与两者成 45°的轴两侧刀盘同时绕该轴向上或向下扭转

从图 5.4－10 和表 5.4－3 中可以看出，盾构刀盘的前六阶固有频率范围为 39.786～58.993 Hz。盾构刀盘在正常工作时主要承受来自变频电机驱动的频率，这个频率的值很小，一般为几赫兹，刀盘的前 6 阶固有频率的值比激励值大很多，所以正常工作时刀盘不会发生共振。

因此，通过对刀盘结构在存在基岩突起的上软下硬地层和孤石地层下的静力分析和模态分析可以得出：存在基岩突起地层工况下刀盘的最大位移与最大应力随着刀盘上下部分的压力差的增大而增大，当压力差较大时必须先对基岩进行预处理；而在孤石地层工况下刀盘会出现应力集中，主要在靠近孤石与刀盘的中心位置的交界处，刀盘在此工况下最大的应力为 262 MPa，小于材料的屈服极限 345 MPa，刀盘的最大位移发生在孤石的位置，最大位移为 4.256 mm，满足强度与刚度的要求，但是孤石地层下刀盘推力应适当减小，否则刀盘将发生破坏；刀盘的前 6 阶固有频率范围 39.786～58.993 Hz，高于刀盘的激励频率，刀盘不会发生共振，刀盘具备较高的刚度，保证了刀盘的安全性与可靠性。

5.5 孤石地层盾构安全掘进技术

根据盾构的技术参数和刀盘在孤石与基岩地层有限元分析结果可知，本型盾构具备了一定的破岩能力，在孤石地层中掘进时应该根据孤石的大小、多少、地层的稳定性、盾构施工的经济性与安全性等要求来科学合理地选择施工方法。

根据桃深区间地质勘探与孤石探测情况，如果已探明地层中孤石较少，没有形成孤石群，孤石尺寸不大，并且地层相对比较稳定，此种情况下，无需对孤石进行提前处理，施工时可以根据地层情况适当调整掘进参数，施工效率高、速度快。如果孤石少但是地层不稳定，不能很好地固定孤石，此时应该采取地面注浆或者超前注浆的方式加固地层，在孤石相对固定后，采取盾构直接掘进通过的方式破除孤石。

若地层中孤石数量较多，形成了孤石群，或者孤石的尺寸较大时需要对孤石进行提前预处理，破除孤石，然后盾构掘进通过。孤石的提前预处理方法目前多采用深孔爆破和洞内人工处理的方式。采用深孔爆破孤石后，为了保证盾构在爆破区安全顺利地掘进，需要在深孔爆破后用水泥浆回填钻孔，并采取注浆保压技术减少爆破施工时对地层的破坏和扰动，提高地层的稳定性。

5.5.1 孤石预爆破地层盾构掘进注浆保压技术

爆破施工时，爆破振动和密集的钻孔造成了原始地层的频繁扰动，势必地层中残留很多空隙和孔洞，对于盾构施工来说，如果地层漏气漏浆，在土压平衡盾构掘进时掌子面的土压平衡难以建立，造成盾构掘进困难，引起地面沉降过大，甚至是地面坍塌的重大风险。尤其是需要带压进仓更换刀具时，漏气将是最大的安全隐患。所以必须对孤石爆破孔进行回填封堵进行保压。因此，对爆破后的地层进行注浆填充加固是非常有必要的，利用浆液填充地层中的空隙，同时还能提高地层的自稳性。

注浆方法有很多,应根据工程的现场实际情况而选择,经过综合考虑桃深区间采用袖阀管注浆工艺,注浆材料为水泥-水玻璃双液浆。

1. 袖阀管注浆工艺

袖阀管后退式分段注浆工艺是采取地质钻机成孔后,下入袖阀式注浆管,利用配套的止浆系统,自下而上按一定的设计注浆分段长度进行注浆。注浆机械一般采用单液泵,并备用双液泵,配备高压管路系统和拌浆系统。根据工程地质条件和现场情况,采取单液注浆系统和双液注浆系统。

采用地质钻机成孔,使用稀泥浆护壁或干钻成孔,钻孔孔位误差小于 5 cm,深度超过 0.5～1 m,垂直度误差应小于 1%,钻孔达到设计深度后,做好钻孔记录。通过钻杆从孔底压入封闭泥浆,直到封闭泥浆完全代替护壁泥浆。在连接好的袖阀管底部加设闷盖,将注浆管下入钻孔中,要确保注浆管下入孔底,上部要高出地面,然后在注浆管内加入清水,使注浆管不会上浮。最后在灌浆管上部套上闷盖,防止杂物掉入孔内。待封闭泥浆凝固后,在袖阀管内插入注浆芯管至预定注浆段。注浆采用从孔底开始分段压注,分段长度(步距)即为花管长度,每段注浆完成后,向上移动一个步距的芯管,每完成3～4 段,应拆除一段注浆芯管。每次注浆完毕后,应立即用清水冲洗袖阀注浆管,并盖上闷盖,以便于多次注浆。

2. 袖阀管芯管

袖阀管芯管是袖阀管系统的重要部分,注浆芯管由花头、宝塔头、止浆塞组成。花管由 ϕ22 mm 焊接钢管加工,其长度根据步距需要,一般为 0.6～1 m,其周围均匀布设 12～18 个直径 8 mm 的溢浆孔。通过宝塔头,在花管两端各加上 3～4 个止浆塞,形成止浆构造,达到注浆时止浆的目的。袖阀管注浆就是通过袖阀管和配套的止浆系统构成双向式止浆体系,从而达到分段注浆工艺的要求。

3. 注浆材料

根据设计要求,选择普通水泥单液浆和普通水泥-水玻璃双液浆两种注浆材料。以普通水泥单液浆为主，当吸浆量大或压力长时间不上升时，根据需要选择普通水泥-水玻璃双液浆或其他浆液。

原材料：①42.5 级普通硅酸盐水泥；②波美度 35～50°Be′，模数＝2.4～2.8 的水玻璃。

浆液配比：单液浆配比 $W:C=(0.8\sim1):1$；双液浆 $W:C=(0.8\sim1):1$，$C:S=1:1$，水玻璃浓度 18～20°Be′。

4. 注浆施工

为确保注浆质量，防止串浆的发生，在该工程中采取钻一孔注一孔的注浆施工原则。当采取钻孔、注浆施工平行作业时，钻孔和注浆孔间隔距离应在 6 m 以上。

(1)布孔

地表注浆孔垂直于地面，首先由测量人员将注浆孔的准确位置放样出来，以利于钻孔作业有条不紊顺利进行。

(2)钻孔作业

①回填层采用跟管潜孔钻机引孔，下部地层利用地质钻机采用 ϕ89 的钻头按设计要求钻孔。钻孔水平孔位误差≤5 cm，钻孔垂直度≤±1°，钻孔深度超过设计深度 0.5～1 m，以满足下管深度。

②使用稀泥浆护壁或干钻成孔。

③钻孔内(套管内)不得有杂物，以便有利于注浆管的安设。

④司钻员要求经验丰富，能根据钻孔过程大致判断地层岩性，便于确定钻孔深度。施工中要做好钻孔记录，以确定注浆管的下管情况。

⑤完成钻孔，安设好注浆管后，将套管拔出。

(3)袖阀管封孔

采用水泥＋膨润土浆液进行封孔，封闭泥浆配比按水泥∶膨润土∶水＝1∶(2.5～4)∶1，封闭泥浆通过钻杆从孔底压入，充填钻孔空间，直到封闭泥浆完全代替护壁泥浆。为取得更好的封闭效果，在孔口部位 2～3 m 范围采用水泥砂浆封孔。

(4)安设袖阀管

在孔内压入封闭泥浆完成后，立即插入袖阀管，管由每节 3 m

通过带螺纹的接头连接，管底加闷盖封闭底口，管口加上闷盖，管接头要密封可靠。在袖阀管插入过程中要边插入边灌入清水，保持管内外的压力平衡，减少管的浮力，利于下管。在下管的同时预先压入的封闭泥浆会从孔口溢出，管下到位后封闭泥浆会自动下陷，至浆液基本凝胶后，下陷深度一般会达到 2 m，此时用水泥砂浆进行补充封闭。

每次注浆完成后，立即进行孔内冲洗。将冲洗管插入袖阀管的底部，压入清水，直至孔口返回的水基本干净，在冲洗过程中要反复上下移动水管，将管内的水泥浆冲洗干净后，便于后续注浆进行。

(5)注浆施工

采用 KBY-50/70 注浆泵或 SYB-60/160 型注浆泵进行注浆作业。注浆方式采用后退式分段注浆，每次注浆段长 0.4～0.5 m，注完此段后，再后退注另一段，直至全孔注浆完毕。注浆过程中要做好详细的注浆记录。每段注浆由止浆塞控制，浆液在止浆塞控制下，只能在该段向地层扩散。当全孔注浆结束后，立即取出芯管清洗，以防止浆液在芯管中凝固。袖阀管注浆施工的现场实况如图 5.5－1 所示。

图 5.5－1　地面袖阀管注浆

5.5.2　掘进遇孤石洞内处理技术

1. 洞内超前注浆后掘进通过

当地表不具备注浆加固或孤石处理的条件时，在洞内对孤石位置准确定位之后，待盾构刀盘抵达孤石区域后停机，通过盾构机前方预留的注浆孔，将准备好的钢花管（在直径 80 mm 的钢管上布置梅花形孔，孔径 8 mm，纵向间距为 10 cm）插入刀盘前方的土体中，并使超前注浆孔的延伸方向与盾构掘进的中轴线方向存在一定角度。注浆加固范围为孤石前方 2～3 m，后方 2 m，隧道轮廓线外（上、下轮廓线及左右边界）各 2～3 m。浆液可根据需要采用水泥单液浆或水泥-水玻璃双液浆。注浆结束后，可通过调整盾构掘进参数，借助刀盘对加固地层切削、破碎孤石，而后顺利通过孤石段。桃深区间洞内注浆加固现场实况如图 5.5－2 所示。

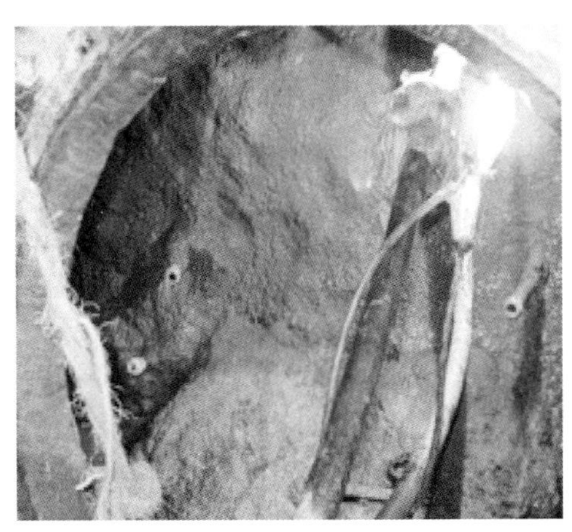

图 5.5－2　洞内注浆加固

2. 洞内人工或岩石分裂机破除

当掌子面前方地质条件较好时可直接开舱，而地质条件较差时需提前对地层加固，有必要时需带压进舱。对于小直径孤石而言，人工可直接破除，强度高、直径大的孤石需借助风枪及岩石分裂机等设备凿除。岩石分裂机运用尖劈原理，将分裂器插入岩石钻孔中，利用楔片对岩石产生垂直于岩石孔壁的合力，使岩石发生纵向劈裂，进而使岩石从内部破裂而分离开。与人工挖孔桩中使用岩石分裂机处理孤石的方法类似，利用风枪在孤石上垂直打钻孔，一般情况下，钻孔深度为 60～90 cm，孔间距为 40～60 cm，且钻孔深度比楔块插入深度深 10～15 cm，待劈裂完成后及时将碎块运出洞外。岩石劈裂机分裂孤石的现场实况如图 5.5－3 所示，人工破除孤石的现场实况如图 5.5－4 所示。

图 5.5－3　岩石劈裂机分裂孤石实况

图 5.5－4　人工破除孤石实况

3.洞内人工爆破

地面不具备处理条件时，在洞内超前注浆加固刀盘前方土体，确保掌子面稳定的基础上，开舱对孤石进行人工爆破处理。该处理方法的原则：通过打孔装药的弱爆方式，将孤石以大化小，并通过螺旋输送机排出。盾构压气作业的现场实况如图5.5-5所示。

图5.5-5　压气作业实况

为尽量减小爆破对刀盘的影响，采用转动刀盘的方法，将孤石对准刀盘开口位置。为降低爆破所产生的振动对洞内盾构设备及地表建筑物、邻近管线的扰动，洞内弱爆技术应严格遵循“浅孔、密眼、小药量、间隔装药”原则，对于大体积孤石，可分排按顺序依次处理。爆破后及时通风，检查确认安全后方可清渣。

4.静态破碎技术

当孤石所在盾构区间地处居民区或重要建筑设施(电力、通信、天然气管道等)，地表不具备处理条件，并且对振动、飞石、有害气体等要求比较严格时，岩石静态破碎技术具有独特的优势。岩石静态破碎技术是运用静态破碎剂与水发生反应后产生巨大的径向压力，当压力在孔壁切向的拉应力大于岩石的抗拉强度时，岩石就被拉裂破碎。

在对洞内地层加固后，根据孤石的力学性能参数选择合适的静态破碎剂，孤石上垂直钻孔的直径是决定破碎效果的重要因素，钻孔直径一般为 30～50 mm，钻孔深度为破碎孤石厚度的 80%～90%，结合孤石岩体的强度及破碎效果设计钻孔的行、排间距，一般为20～50 cm。钻孔由临空面外侧向内逐步布设，以利用前排破碎后为后排提供的临空面。钻孔完成后及时清孔，将配置好的破碎剂浆体倒入钻孔，待反应完成后将破碎石块清除。

5.6 孤石地层盾构刀具磨损与换刀技术

5.6.1 盾构刀具的磨损

盾构刀具的磨损与地质条件、刀具材质及其在刀盘上的安装位置有关，并且随着盾构刀具掘进距离的增加而增大。盾构刀具损坏的主要形式有刀具的磨耗和脱落。盾构刀具的磨耗受刀具的材质、硬度、刀具上作用的推力以及地质条件和刀具切入深度、速度、时间的影响；刀具脱落主要与安装方法有关，施工时也受刀柄的磨耗和砾石、障碍物的影响。刀具配置主要有滚刀和刮刀，滚刀主要用于破碎岩石，而刮刀主要用于整个切削面的软土开挖。由于在孤石地层中盾构刀具受力复杂，工作环境恶劣，盾构刀具的磨损十分严重，甚至会使盾构刀具崩刃断裂。在深圳地铁 7 号线桃深区间刀具磨损的主要形式有以下几种。

(1)滚刀的磨损

①正常磨损。刀具的破岩效率与滚刀的刃口宽度有关，随着刀圈磨损量的增加，刃口的宽度增加到一定范围时会影响掘进速度，甚至不能再掘进。滚刀的正常磨损是指刀圈刃口宽度超过规定值的均匀磨损，是刀具失效的主要形式，如图 5.6－1 所示。

②滚刀偏磨。滚刀偏磨也称弦磨，是由于土体太软，滚刀不能转动或因刀具的轴承损坏而引起的。因滚刀不能在隧道开挖面上滚动，使刀圈呈现单侧磨损，如果没有及时发现，不但会加速滚刀的磨

损，而且会造成相邻滚刀过载失效，从而迅速向外扩展，直到整个刀盘上的刀具全部失效，如图5.6-2所示。

图5.6-1　滚刀的正常磨损实况

图5.6-2　滚刀偏磨实况

③刀圈崩刃与断裂。刀圈表面掉落整块的碎片，而整个刀圈没有断裂，称为刀圈崩刃，也称刀圈剥落。刀圈断裂是由于刀圈在孤石或者基岩突起地层时受到较大的冲击力，使刀圈整体断裂的情况。刀圈如果剥落块小，一般不影响刀具的正常运转，但是如果出现刀圈的整体断裂，刀具将失效。刀圈的断裂如图5.6-3所示。

图 5.6－3　刀圈的断裂实况

(2)刮刀的磨损

①旋转刮刀磨损。如图 5.6－4 所示,旋转刮刀已经遭到严重磨损,由于当前掘进速度低,且掘进状态不稳定,若继续掘进,刀盘会有因受力不均而产生更严重的磨损和扭曲变形的风险。

②边缘铲刀磨损。布置在刀盘边缘的铲刀与岩土接触,在刀盘的旋转作用下产生磨损,如图 5.6－5 所示。当刀盘外周刀已遭到严重破坏,继续掘进会使刀盘中心刀具及正面面板受损,进而损坏刀盘的主体结构。

图 5.6－4　旋转刮刀磨损实况

图 5.6－5　边缘铲刀磨损

5.6.2　孤石地层盾构刀具的换刀技术

盾构在孤石地层掘进施工过程中刀具严重磨损，此时盾构机的掘进速度将下降，掘进效率降低，需要及时检查、更换刀具。如何采取相应措施达到安全进舱，是目前孤石地层下盾构施工急待解决的一个难题。一般情况下，当盾构机在硬岩或自稳能力较强的地层中掘进时，可在常压下直接开舱换刀；而当盾构机在孤石或者软硬不均的地层中掘进时，对刀具进行检查处理一般可采取三种方案：对前方土体进行加固后在常压下进舱；从地面向下做竖井到刀盘前方进舱，将气压保持在开挖面稳定状态时进舱。

盾构换刀作业大致可分为常压换刀和带压换刀。换刀方案流程如图 5.6－6 所示。

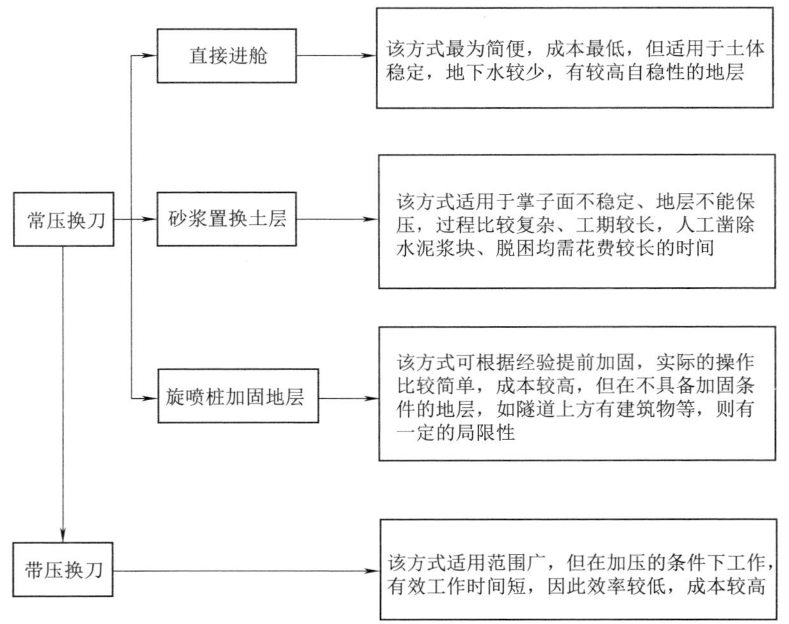

图 5.6－6　盾构机换刀方案流程

在常温常压条件下换刀是最理想的状态，可以简化很多复杂的工序，主要问题是工作面是否能自稳。而带压换刀作业耗费时间较长，成本较高，漏气失压危险性较大。盾构换刀必须根据特定的工作环境，选用安全、合适的换刀施工方案。

由于桃深区间隧道大部分为花岗岩全风化地层，遇水易崩解软化，直接常压开舱换刀，则掌子面上部土体无法长期维持稳定，极易发生坍塌，造成地层空洞，最为严重地面直接发生塌陷，产生极为恶劣的影响。为了优先考虑施工安全，确保常压开舱换刀掌子面的稳定，防止开舱换刀过程中因刀盘前方及上部土体发生坍塌，必须进行旋喷桩加固。

因此，根据盾构区间的地质情况，预先设计换刀点位置，通过在刀盘前部及上部采用旋喷桩加固地层进行常压换刀是一种理想的换刀施工方案。

1. 换刀点加固

首先根据区间地质详细勘察报告、地质补勘报告确定开舱检查和更换刀具时容易产生塌方现象的地层预设换刀点，预先对换刀点地层注浆加固，以便盾构施工中进行刀具检查及更换，降低刀具检查及更换风险。

2. 换刀点加固方案

换刀点加固采用旋喷桩加固，旋喷桩孔径 600 mm，咬合 150 mm，加固范围 5 m×8 m×9 m。开始施工前，宜做工艺试桩，以标定各项施工参数。旋喷桩采用 P·O42.5 级普通硅酸盐水泥，水泥浆液的水胶比可取 1.0～1.5。要求加固后的土体具有良好的均匀性、自立性、止水性，施工完毕后，应对加固体进行检测，其无侧限抗压强度应大于 1.0 MPa，渗透系数≤1.0×10^{-5} cm/s，若达不到设计要求，应急时弥补。具体加固范围如图 5.6－7、图 5.6－8、图 5.6－9 所示。

3. 旋喷桩施工工艺

高压旋喷桩施工工艺流程图如图 5.6－10 所示。

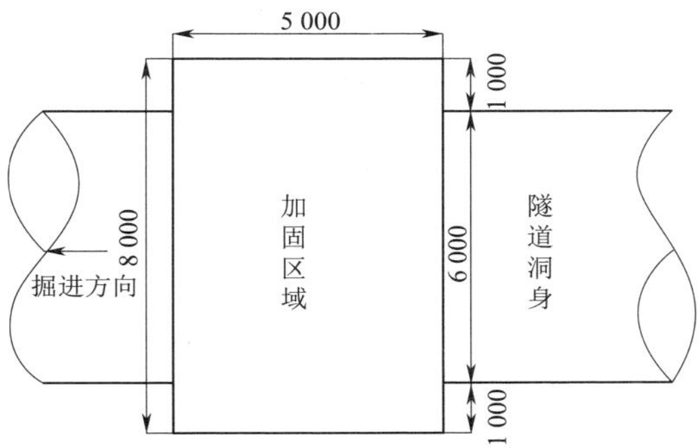

图 5.6-7　旋喷桩加固平面图(单位:mm)

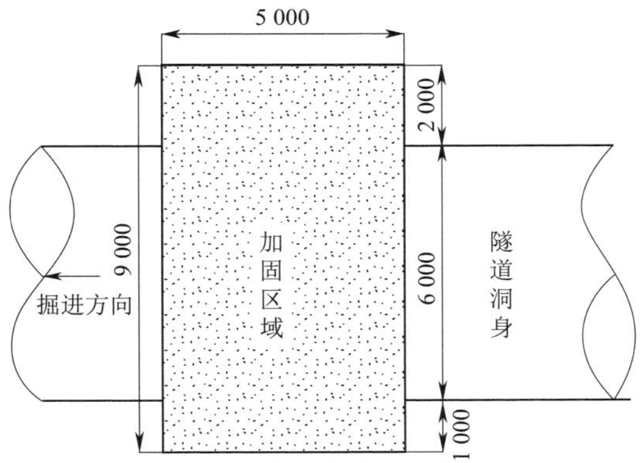

图 5.6-8　旋喷桩加固断面图(单位:mm)

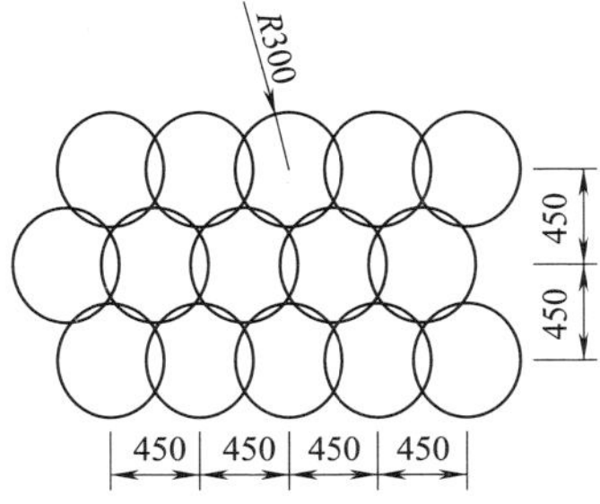

图 5.6-9　旋喷桩布置大样图(单位:mm)

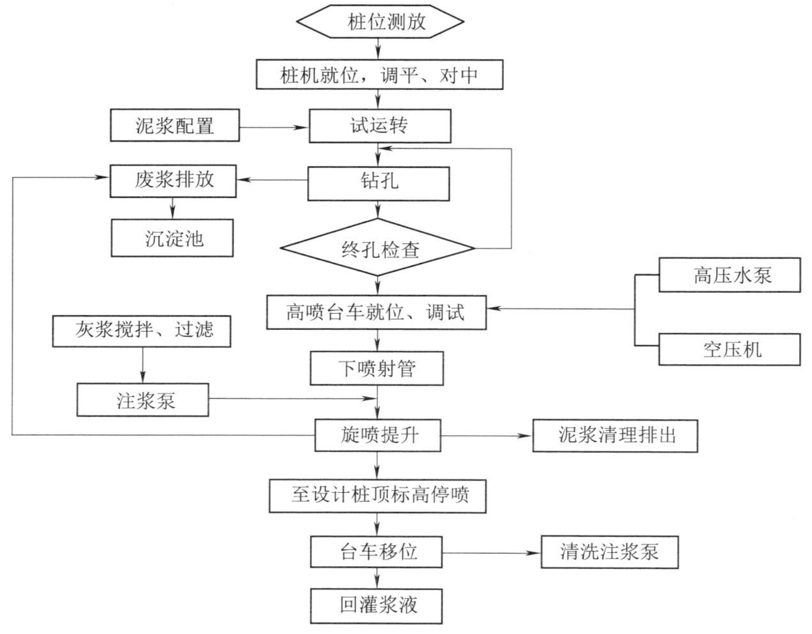

图 5.6-10　高压旋喷桩施工工艺流程

旋喷桩的施工工艺过程如下：

(1)施工准备

正式进场施工前，首先对施工场地进行开挖，清除地下障碍物，然后整平、夯实；同时合理布置施工机械、输送管路和电力线路位置，确保施工场地的"三通一平"。

(2)桩位测放

施工前用经纬仪测放旋喷桩施工的控制点，埋石标记，经过复测验线合格后，用钢尺和测线实地布设桩位，并用钉子钉紧，一桩一签，保证桩孔中心移位偏差小于 20 mm。

(3)钻孔

钻机就位后，对钻机进行调平、对中，误差要小于 20 mm；校验钻杆长度，并用红油漆在钻塔旁标注深度线，保证桩体顶底标高满足设计深度。钻孔时采用泥浆护壁，泥浆的主要性能指标控制为：相对密度1.2～1.3，黏度25～30 s，含砂率小于5%；钻孔完成后经检查验收合格后钻机移位，高喷台车就位，进行喷浆作业。

(4)旋喷提升

①台车就位，接通高压水泵、空压机和注浆泵（泥浆泵），调试水泵、空压机、泥浆泵，使设备运转正常，高压水压力应达到28～34 MPa，流量70～80 L/min，压缩空气压力应达到0.6～0.8 MPa，流量1～3 m^3/min。

②调试完成后，将旋喷管插至孔底，插管时边喷水边下沉，防止堵塞喷嘴，喷水压力小于1 MPa，防止孔壁坍塌。喷浆时先送高压水，再送浆液，压缩空气晚送约30 s。

③喷射时，要先达到预定的喷射压力、喷浆量后再逐渐提升旋喷管，以防扭断旋喷管。为保证桩底端的质量，喷嘴在设计深度要原地旋转1 min左右，待孔口返浆后，再按方案设计的技术参数进行正常旋钻提升。

④在旋喷过程中，随时注意各设备的工作情况，以及水、气、浆的压力与流量，做好详实的施工记录。旋喷提升过程中如中途发生故障，应立即停止施工，等检查排除故障后再继续施工。

⑤旋喷时的技术参数。旋喷注浆主要技术参数的选择，根据本工程的地层特征，初选表5.6所列参数。施工中应根据地质、提升速度作适当的调整，保证进浆量。

表5.6　旋喷桩主要技术参数

项　目		旋喷提升控制参数
压缩空气	气压(MPa)	0.4～0.8
	气量(L/min)	1 500
水泥浆	水胶比	1.0～1.5
	浆压(MPa)	28～34
	浆量(L/min)	50
旋转角度		360°
提升速度(cm/min)		12～14
回转速度(r/min)		8～10

续上表

项　　目	旋喷提升控制参数
喷嘴直径(mm)	1.6×2
回浆相对密度	＞1.3

⑥台车移位,回灌浆液。旋喷提升到设计桩顶标高时停止旋喷,提升钻头出孔口,清洗注浆泵及输送管道,然后将钻机移位,回灌浆液。旋喷桩施工示意图如图 5.6－11 所示。

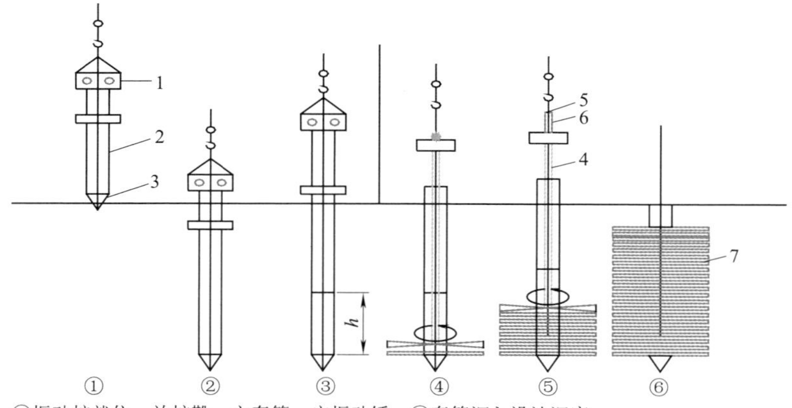

①振动桩就位，放桩靴，立套管，安振动锤；②套管沉入设计深度；
③拔起一段套管，卸上段套管，使下段露出地面（使h>要求的旋喷长度）；
④套管中插入二重管，边旋、边喷、边提升；⑤自动提升旋喷管；
⑥拔出旋喷管与套管，下部形成圆柱喷射桩加固体

图 5.6－11　旋喷桩施工示意图

1—振动锤;2—钢套管;3—桩靴;4—二重管;5—浆液胶管;
6—压缩空气胶管;7—旋喷桩加固体

旋喷桩施工加固过程现场实况和换刀点加固后掌子面实况如图 5.6-12(a)、(b)所示。

4.刀具更换

盾构刀具更换遵守“拆一装一”的换刀原则,对损坏的刀具进行更换。换刀时各组人员应统一采用“逐臂更换”、“由外到内”或“由内到外”等换刀顺序。换刀作业流程如图 5.6－13 所示。

（a）旋喷桩施工加固现场

（b）换刀点加固后的掌子面

图 5.6－12　旋喷桩施工加固与加固后的掌子面

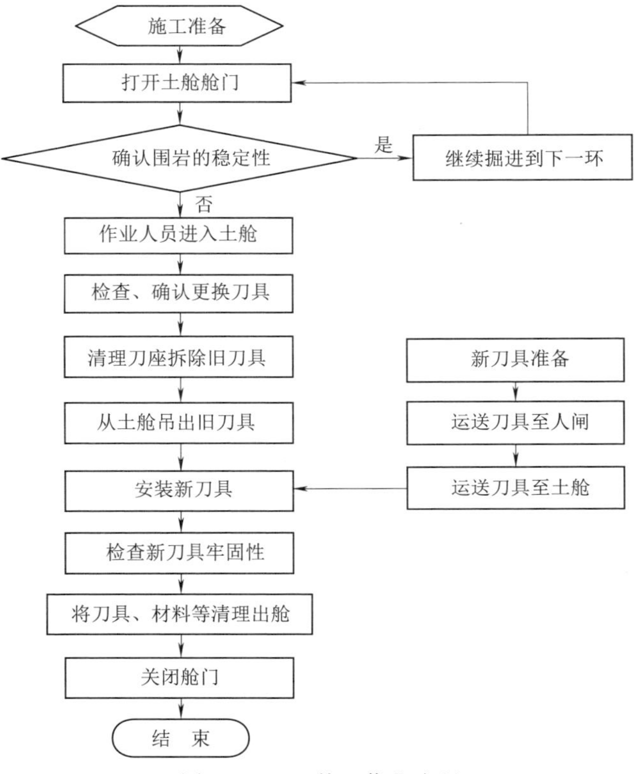

图 5.6－13　换刀作业流程

开舱换刀的现场实况如图 5.6－14 所示。

图 5.6－14　开舱换刀的现场实况图

5.7　地表沉降监测控制技术

在盾构施工过程中由于刀盘对地层的开挖引起对地层的扰动，所以不可避免地会造成地面沉降，地面沉降会对地面建筑物的安全造成威胁，甚至引起破坏，一般要求地面沉降控制在－30～＋10 mm 范围内。

在深圳地铁 7 号线桃深区间盾构隧道施工中，对地表沉降进行了监测，桃源村站至深云站区间盾构隧道地表测点布置示意图如图 5.7-1 所示。

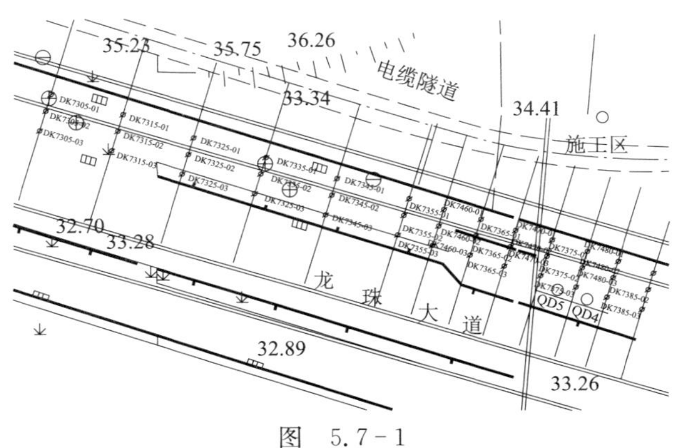

图　5.7－1

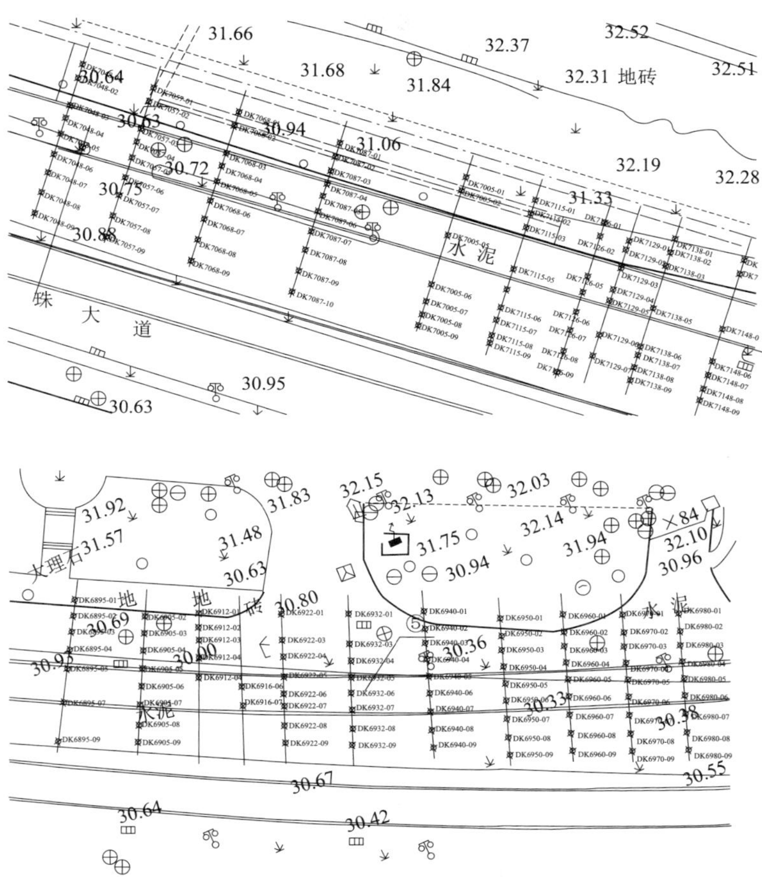

图 5.7－1　桃源村站至深云站区间盾构隧道地表测点布置示意图

通过对地表沉降数据的监测和统计分析，得出了左线(未进行孤石预处理)盾构直接掘进通过时的地面沉降月统计数据最大值见表 5.7－1，地表沉降曲线如图 5.7－2 所示。右线经过孤石预处理后盾构施工时的地面沉降月统计数据最大值见表 5.7－2，地表沉降曲线如图 5.7－3 所示。

表 5.7－1　左线地面沉降月统计数据最大值

工点		本月变化最大			累计变化最大		超允许值情况	备注
		监测点	变量（mm）	速率（mm/d）	监测点	变量（mm）		
深桃区间	盾构区间地表沉降	D7272-01	－67.4	－1.9	D7272-01	－67.4	超控制值	
	净空收敛	ZS/xo7＋765	－2.9	0.2	ZS/xo7＋545	2.1	未超出	
	矿山法区间地表沉降	DY6845	－11.7	－0.3	D6825-12	－62.3	超控制值	
	拱顶沉降	YS/xtt6＋830	－6.1	－0.2	YS/xtt6＋835	－41.8	超控制值	

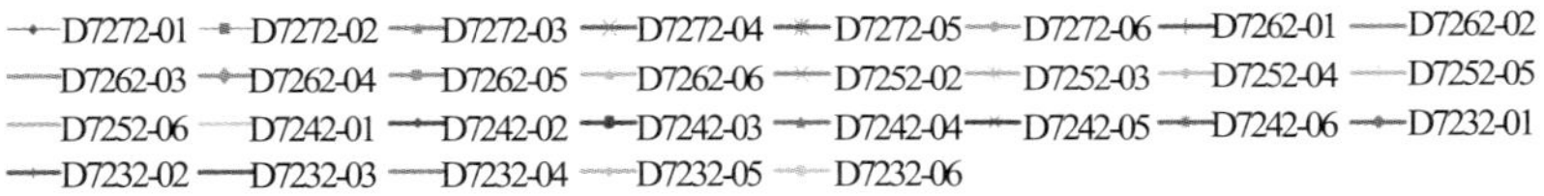

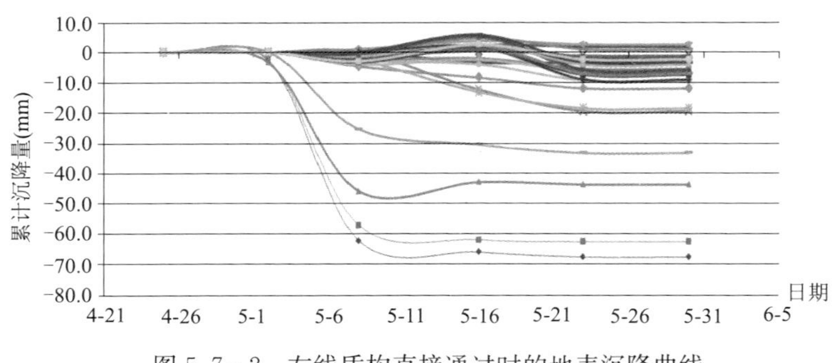

图 5.7－2　左线盾构直接通过时的地表沉降曲线

通过表 5.7－1 和图 5.7－2 可以看出：左线地表沉降监测 D6＋825、＋835、＋845 断面及隧道拱顶沉降部分监测点累计值超设计控制值（30 mm）。分析原因为沉降断面下方围岩级别较差，开挖期间渗水和施工扰动引起的沉降，主要是在盾构隧道孤石地层时引起的扰动过大。经过专家查看现场和会议分析认为：目前隧道结构安全，需要加强锁脚锚杆打设，控制拱顶沉降，建议控制重车，加强施工监测。

表 5.7－2　右线地面沉降月统计数据最大值

工点		本月变化最大			累计变化最大		超允许值情况	备注
		监测点	变量(mm)	速率(mm/d)	监测点	变量(mm)		
深桃区间	盾构区间地表沉降	D7475-01	－4.2	－0.2	D7475-01	－27.8	未超出	
	净空收敛	ZS/xo6＋800	2.7	0.1	ZS/xo6＋800	2.7	未超出	
	拱顶沉降	YS/xtt6＋820	－12.0	－0.9	YS/xtt6＋820	－12.0	未超出	

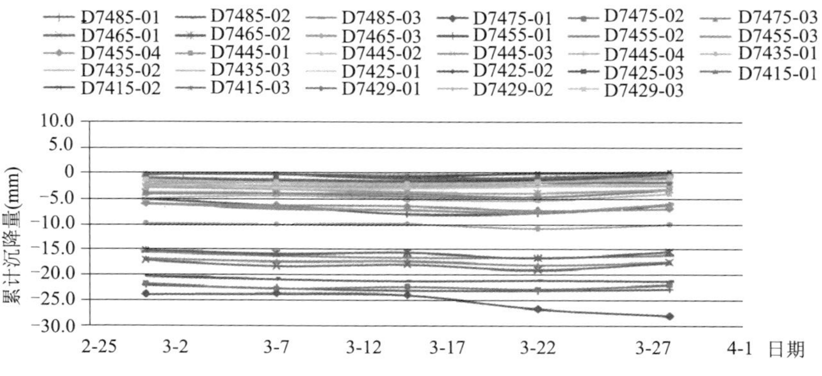

图 5.7－3　右线孤石处理后盾构施工时的地表沉降曲线

通过表 5.7－2 和图 5.7－3 可以看出：在盾构右线施工过程中，由于对孤石进行了爆破处理，孤石破碎效果较好，满足了盾构施工的要求，并采取了注浆保压技术，加强了地层的稳定性，所以地表沉降最大值为－27.8 mm，满足要求。总之，经过孤石的爆破预处理和地面注浆保压技术，保证了盾构在孤石与基岩地层的安全高效掘进。

5.8 小　结

通过对孤石地层盾构安全掘进技术的研究得出如下主要结论：

(1)对盾构刀盘的刀具配置采用滚刀、刮刀和边缘铲刀的组合方式，能够适应黏土、全风化岩、微风化岩和孤石各种地层，保证了盾构在复杂地质条件下的破岩能力和有效掘进；并对刀盘在基岩突起的上软下硬地层与孤石地层工况下的有限元静动态特性进行了分析，得出地层压力差越大，刀盘的受力和变形量越大，刀盘具有一定的强度和刚度，满足复合地层施工的需要。

(2)采用旋喷桩加固方法实现了地层的加固，保证了盾构在复合地层掘进过程中开舱检查与更换刀具或者遇到孤石后开舱人工洞内处理的安全性，解决了复合地层下盾构开舱换刀的难题。

(3)采用袖阀管注浆工艺实现了爆破后地层的注浆回填加固，提高了地层的稳定性，有效地解决了孤石地层盾构施工对地层的扰动大、地面沉降控制困难问题，避免了地面坍塌等重大事故的发生，确保了地面建(构)筑物的安全，提高了盾构通过孤石地层的安全性与精准性。

结　　论

通过对深圳地铁 7 号线桃深区间盾构隧道孤石的探测与处理关键技术研究，得出的主要结论如下：

(1)提出了微动探测与加密地质补勘钻探相结合的地铁隧道盾构孤石探测方法，并成功应用于深圳地铁 7 号线盾构施工之中，取得了很好的效果。采用微动探测判断“孤石”准确率高达 80%。采用微动探测与钻探结合的综合精密探测方法能够较好地探测盾构隧道区间的孤石状态，为盾构隧道基岩的精细化探测提供了一种全新的、准确的、科学合理的指导。

(2)在探明孤石的基础上利用封闭岩体与周边围岩介质的差异性，采用引孔预裂爆破技术，通过控制性地引孔下药，有效实现了基岩及孤石的破碎预处理。深孔控制爆破技术避免了大范围揭露和扰动孤石上覆土层，在地下深孔中实现孤石和基岩的爆破，振动与噪声小，成本低，最大限度地降低对周边环境的不利影响，并且在盾构到达之前完成了孤石的破碎，减小了刀具的损耗和施工风险，保证了施工周期和盾构工法的安全性与优越性。

(3)采用孤石爆破后钻孔取芯、盾构掘进时出渣粒径检查与掘进参数统计分析的方法对孤石的爆破效果进行了验证，发现孤石爆破效果良好。爆破后的孤石粒径满足盾构施工要求，盾构在孤石与基岩地层施工时刀盘总推力和扭矩明显降低，而且掘进速度均值从孤石地层中的 5.79 mm/min 提高到了 55.4 mm/min，效果显著。未在施工过程中出现因孤石问题开舱处理的情况，保证了盾构在复杂地层中施工的有效性和施工周期。

(4)爆破后地层的注浆回填加固，采用袖阀管注浆工艺，提高了地层的稳定性，保证了盾构经过时的推进压力稳定，有效地解决了盾构施工对地层的扰动大、地面沉降控制困难问题,提高了盾构通过的安全性。采用旋喷桩加固方法实现了风化岩软弱地层的加固,保证了盾构在复合地层掘进过程中开舱检查与更换刀具或者遇到孤石后开舱人工洞内处理的安全性,解决了复合地层下盾构开舱换刀的难题,实现了盾构在孤石爆破后地层的安全高效掘进。

参考文献

[1]Bruce D, Shirlaw J N. Grouting of completely weathered granite with special reference to the construction of the Hong Kong mass transit railway [C]. Proceedings of the 4th International Symposium on Tunnelling, Brighton, UK, 1985, 253-264.

[2]Babendererde S, Hoek E, Marinos P, et al. Characterization of granite and underground construction in Metro do Porto, Portugal. Proc [C]. International Conference on Site Characterization, Porto, Portugal, 2004, 1-8.

[3]李玉春. 盾构法隧道球状风化孤石处理关键技术[J]. 中国科技信息，2009(23)：75-76.

[4]李乾. 地铁盾构法隧道孤石工程分类及处理对策[J]. 都市快轨交通，2012，25(1)：82-85.

[5]范验曾. 地铁盾构区间孤石处理方法探讨[J]. 中国高新技术企业，2015(8)：110-111.

[6]郑礼均. 孤石地层盾构推进施工技术[J]. 铁道建筑技术，2014(7)：11-13，22.

[7]陈开端. 复合土层中孤石探测及处理方案[J]. 城市轨道交通研究，2016(5)：93-97.

[8]宗成兵，田恒星. 花岗岩地层地铁隧道盾构孤石探测及处置新方法[J]. 科学技术与工程，2015，15(26)：11-18.

[9]贺朝荣. 深圳地铁 2 号线盾构机通过孤石的处理技术[J]. 城市道桥与防洪，2010(12)：114-116.

[10]Shi Y. Z. , Lin S. Z. , Hui X. Y. , et al. Detection of the boulder and its disposal technology in shield tunnel area of metro construction [J]. Electronic Journal of Geotechnical Engineering, 2016, 21(19): 6455-6469.

[11]党如姣. 孔中雷达法探测孤石的研究[J]. 隧道建设，2016，36(10)：1221-1225.

[12]李洋，党如姣，朱培民，等. 花岗岩风化残留体地震法探测应用研究[J]. 隧道建设，2015，35(5)：435-438.

[13]靳世鹤. 广州地铁特殊地质土压平衡盾构施工方法[J]. 都市快轨交通，

2009(3):55-57.
[14]张帆. 盾构隧道孤石预爆破破碎范围和设计方法研究[D]. 厦门:华侨大学,2017.
[15]古力. 盾构机破碎孤石条件及预处理方法[J]. 隧道建设,2006,26(12):33-34,22.
[16]张恒,陈寿根,谭信荣,等. 盾构掘进孤石处理技术研究[J]. 施工技术,2011,40(350):78-81.
[17]戴亚军. 盾构隧道穿越岩溶地段孤石群处理技术与应用[J]. 公路与汽运,2014(4):210-212.
[18]曹权,项伟,贾海梁,等. 跨孔超高密度电阻率法在球状风化花岗岩体探测中的应用[J]. 工程地质学报,2013,21(5):730-735.
[19]李术才,刘征宇,刘斌,等. 基于跨孔电阻率 CT 的地铁盾构区间孤石探测方法及物理模型试验研究[J]. 岩土工程学报,2015,37(3):446-457.
[20]刘征宇. 电阻率跨孔 CT 探测方法及其工程应用[D]. 济南:山东大学,2014.
[21]刘宏岳,梁奎生,段建庄. 地震反射波 CDP 叠加技术在台山核电海域花岗岩孤石探测中的应用[J]. 隧道建设,2011(6):657-661,667.
[22]杨亚璋. 越海盾构工程孤石探测技术探索[J]. 隧道建设,2012(5):700-704.
[23]王英珺. 球状风化孤石对盾构施工的影响及其处理措施[J]. 山西建筑,2010,36(30):343-344.
[24]谢壮. 花岗岩球状风化体地段地铁盾构施工风险分析与控制[D]. 长沙:中南大学,2010.